Rudolf Dreikurs/Loren Grey

Kinder lernen aus den Folgen

HERDER / SPEKTRUM
Band 4055

Das Buch

Konflikte zwischen Eltern und Kindern gehören zu den alltäglichen Erfahrungen. Warum kehren bestimmte Situationen, die in Tränen oder Aggressionen enden, immer wieder? Wie können Eltern lernen zu verstehen, was sich hinter manch „nervenden" Verhaltensweisen verbirgt? Und wie können sie solche unnötigen Konflikte in Zukunft vermeiden? Welcher Erziehungsstil ist der richtige? Wie kann Autorität ins Autoritäre umschlagen? Rudolf Dreikurs und Loren Grey zeigen in diesem lebensnahen Buch, wie Eltern mit Vertrauen in die Fähigkeiten ihrer Kinder eine entspannte und gute Beziehung zu ihnen finden. An vielen konkreten Situationen weisen die beiden erfahrenen Therapeuten auf, wie Kinder durch konsequentes, vernünftiges Verhalten von seiten der Eltern zu verantwortungsvollen und kreativen Persönlichkeiten reifen können und wie sie lernen, mit ihrer Freiheit richtig umzugehen. Sie zeigen aber auch, wie die Eltern durch eine neue Verhaltensweise Kraft, Nerven und Energie sparen, die sie nun zur schöpferischen Gestaltung des Zusammenlebens einsetzen können.

Die Autoren

Rudolf Dreikurs, 1897–1972, ist einer der bekanntesten Kinderpsychologen. 1937 emigrierte er von Wien in die USA, seit 1939 lebte er in Chicago. Er war Professor für Psychiatrie an der Chicago Medical School und Leiter des Alfred-Adler-Instituts in Chicago.

Loren Grey, Ph. D., ein auf Elternberatung spezialisierter Psychologe, ist Professor am San Fernando Valley State College, Los Angeles.

Rudolf Dreikurs
Loren Grey

Kinder
lernen aus den Folgen

Wie man sich Schimpfen
und Strafen sparen kann

Aus dem Amerikanischen
von Hans Schmidthüs

Herder
Freiburg · Basel · Wien

Titel der amerikanischen Originalausgabe:
A Parents Guide to Child Discipline, Hawthorn Books, Inc., New York
Das Originalwerk ist eine neue und überarbeitete Ausgabe von:
Logical Consequences: A new Approach to Discipline, Meredith Press
© der Originalausgabe: 1970, 1968, Rudolf Dreikurs und Loren Grey
Titel der deutschen Originalausgabe:
Kinder ziehen Konsequenzen

Alle Rechte vorbehalten – Printed in Germany
© Verlag Herder Freiburg im Breisgau 1973
Neuausgabe Verlag Herder 1991
Herstellung: Freiburger Graphische Betriebe 1991
Umschlaggestaltung: Joseph Pölzelbauer
Umschlagfoto: Hartmut Schmidt
ISBN 3-451-4055-7

Inhalt

1. *Warum sind neue Wege in der Kindererziehung notwendig?* 9
Die Ursachen des Problems 11 – Das Dilemma der Eltern 13 –
„Wir wollen mehr zu sagen haben" 15

2. *Verständnis für die Persönlichkeit des Kindes* 17
Das Bedürfnis, sich zugehörig zu fühlen 18 – Zuneigung, Zustimmung und Beachtung 18 – Stellung in der Familie 20 – Das
älteste Kind 22 – Das zweite Kind 23 – Das mittlere Kind 23 –
Das jüngste Kind 24 – Das einzige Kind 24 – Große Familien 24
– Die Rolle der Eltern 25 – Die falschen Ziele des Verhaltens: 26
1. Aufmerksamkeit erringen 27, 2. Der Kampf um die Macht 28
3. Rache 29, 4. Unfähigkeit als Ausrede 30 – Bedeutung von
Erwartungen 33

3. *Grundsätze der neuen Wege* 35
Anreiz statt Druck 36 – Techniken gegen Haltung 37

4. *Die psychologischen Methoden beim Umgang mit Kindern* 39
Ermutigung 39 – Die Aufgabe ist wichtiger als das Ergebnis 42
– Lohn und Strafe meiden 42 – Nichteinmischung 43

5. *Die gesellschaftlichen Methoden* 45
Lerne, wann du nicht sprechen sollst 45 – Drohe deinem
Kind nicht 45 – Vermeide Wettstreit zwischen den Kindern 45 – Bemitleide das Kind nicht 46 – Vermeide übertriebene Fürsorge 46 – Übertreibe die Ängste deines Kindes
nicht 46 – Wähle ein Erziehungsfeld aus 47 – Strafe körperlich nicht mehr als nötig 48 – Benutze den Familienrat 49

6. *Die Anwendung logischer Folgen* 53
Unterschiede zwischen logischen oder natürlichen Folgen und
Bestrafung: 55 1. Logische Folgen drücken die Wirklichkeit

des gesellschaftlichen Lebens, nicht der Person, aus; Strafe drückt die Macht der persönlichen Autorität aus 57 2. Die logische Folge ist logisch mit dem Fehlverhalten verknüpft; die Strafe ist es selten 58 3. Logische Folgen enthalten kein Element moralischen Urteils; Strafe dagegen häufig 59 4. Logische Folgen befassen sich mit dem, was gerade geschieht; Strafen dagegen mit der Vergangenheit 61 5. Die Stimme ist freundlich, wenn Folgen beschworen werden; in der Bestrafung liegt, offen oder versteckt, Gefahr 62 – Bedingungen für die Anwendung von logischen Folgen: 1. Anwendung von Wahl 63 2. Das Ziel des Kindes verstehen 64 3. Die gefährliche Situation 64 4. Wenn die Folgen versagen 65

7. *Konfliktlösungen durch Folgen* 67
Problemlösung durch demokratisches Verfahren 67 – Konfliktsituationen 69 – Aufstehen 71 – Zu spät in die Schule kommen 73 – Anziehen 81 – Verantwortung für Kleidung, Spielzeug, Bücher 86 – Häusliche Arbeiten 92 – Essen 99 – Zähneputzen 106 – Benehmen in der Öffentlichkeit 107 – Verschiedene tägliche Vorkommnisse 114 – Kämpfen 119 – Störungen beim Autofahren 123 – Vergeßlichkeit 124 – Taschengeld 126 – Haustiere 127 – Rechtzeitig nach Hause kommen 128 – Schlafenszeit 131 – Bettnässen 134 – Schlechte Gewohnheiten 135 – Stehlen, Lügen, Fluchen 136

Epilog 139

1. Warum sind neue Wege in der Kindererziehung notwendig?

In Southampton, Long Island, versammelte sich eine Gruppe von 127 jugendlichen Angehörigen der oberen Zehntausend in einer Villa zu einem der bestvorbereiteten Debütantenbälle der Saison. In der Nacht fingen die jungen Leute an zu toben, rissen Kronleuchter ab, zerschlugen Fensterscheiben und zerstörten Möbel. Ihre Erklärung: sie hatten keine.

In Ost-Los-Angeles griffen die Insassen eines Wagens voller jugendlicher Rowdies einen Oberschullehrer und mehrere Schüler an, als diese sie aufforderten, ihren Wagen, der die Ausfahrt eines Parkplatzes blockierte, beiseite zu fahren. Ihr Grund: sie wollten sich nichts vorschreiben lassen.

In einer Stadt des amerikanischen Mittelwestens unterbrach eine Gruppe von Halbwüchsigen eine Starkstromleitung und tauchte die Stadt in Dunkelheit. Ihre Ausrede: sie „langweilten sich" und wußten nicht, was sie dagegen tun konnten.

In New York, Oakland, Los Angeles und andern Städten demolieren Oberschüler die Klassenräume, sie greifen Lehrer und andere Schüler an. Ihr Grund: „Voreingenommenheit".

Auf dem Gelände von Oberschulen und Universitäten in ganz Amerika (und anderswo) streiken Schüler und Studenten, sie marschieren und demonstrieren. Ihre „Anliegen" wechseln, aber der Tenor ist immer der gleiche: Unzufriedenheit, Wut, Protest.

Die amerikanische Bundespolizei vermerkt, daß die Jugendkriminalität sehr viel stärker anwächst als die Bevölkerung. Besorgte Polizeibeamte stellen eine noch beunruhigendere Statistik auf: Angriffe auf Polizisten nehmen zu, und die Zusammenarbeit mit allen Organen der Sicherheit nimmt ab.

Die Schreiber der Boulevardpresse sind voll beschäftigt mit Erklärungen, woher das alles kommt, und der „liebe Onkel" widmet den Eltern-Kind-Problemen ebensoviel Raum wie den Ratschlägen für Liebeskranke.

Unsere These ist, daß sich die gesamte heranwachsende Generation und nicht nur eine extreme Gruppe von jugendlichen Kriminellen im Kriegszustand mit den Erwachsenen befindet. Es zeigt sich jedoch, daß das Alter der Jugendlichen, die sich dem Verbrechen zuwenden, *abnimmt*. Wir müssen eine vielleicht noch bedrückendere Erscheinung verzeichnen, daß sich nämlich diese Handlungen von Gewalt und Zerstörung nicht auf jene Kinder beschränken, die aus einem Milieu kommen, das man gewöhnlich als „asozial" bezeichnet, sondern daß sie in allen gesellschaftlichen und wirtschaftlichen Schichten unsrer Gesellschaft vorkommen. In dieser Hinsicht kann sich keine Familie in Amerika sicher fühlen. Es gibt heute keine Eltern, die mit Sicherheit behaupten können, daß keins ihrer Kinder einer dieser Gewalttäter werden könnte.

Wir werden uns immer mehr bewußt, daß die Haltungen der heutigen Kinder, unbeschadet ihres Alters, ganz anders sind als die der „guten, alten Zeit". Die Kinder nehmen die Urteile ihrer Eltern nicht mehr als absolut an. Ja in vielen Fällen schenken sie ihnen überhaupt nur wenig Beachtung. Die Eltern werden in einer Weise aufgefordert, ihre Handlungen zu rechtfertigen, wie es von ihnen in der Vergangenheit nicht erwartet wurde. Dazu werden Trotz und sogar offener Widerstand selbst für sehr kleine Kinder immer kennzeichnender. Vor fünfzig oder selbst vor dreißig Jahren hätte kein Kind auch nur davon geträumt, seinen Vater anzuzeigen, weil er es geschlagen hat. Heute kommt das verhältnismäßig häufig vor. In mehr als einem Fall haben wir gelesen, daß Kinder auf ihre Eltern geschossen und sie getötet haben, weil sie wirkliche oder eingebildete Beschwerdegründe gegen sie hatten. Weit häufiger sind die versteckten Anzeichen solchen Widerstands, das Nicht*wollen* der Kinder mehr als das Nicht*können* beim Lernen, beim Sicheinordnen und bei der Mitarbeit in der Schule und zu Hause.

Wie schon erwähnt, äußert sich das extrem im Verhalten von Halbwüchsigen. Zwar hat es die Gesellschaft insgesamt bisher kaum begriffen, aber die zunehmenden kriminellen Handlungen Jugendlicher stellen nichts anderes dar als offenen Krieg von einigen Heranwachsenden gegen die Gesellschaft. Man nimmt an, daß die Basis dieses Kriegs breiter ist, als man bisher vermutet, und daß sich in Wirklichkeit die ganze heranwachsende Generation im Krieg mit den Erwachsenen befindet. Vielleicht mehr als alles andere verübeln die Heranwachsenden der erwachsenen

Gesellschaft, daß diese nicht willens ist, sie über Tätigkeiten und Regeln zu ihrem eigenen Besten mitentscheiden zu lassen. Vielleicht ist gegenwärtig der einzige Hoffnungsschimmer, daß mehr und mehr Jugendliche sich Bewegungen anschließen, die für eine bessere Zukunft ihres Landes wirken. In den USA sind das Friedenskorps und einige der Gruppen, die Rassengleichheit anstreben, vielleicht die besten Beispiele dafür. Wenigstens einige junge Leute finden Erfüllung in schöpferischer Gemeinschaftsarbeit, die das beste Mittel gegen das Gift ist, das zum Krieg zwischen den Generationen geführt hat.

Gleichzeitig aber wächst auch eine andere Bewegung beängstigend rasch und zieht viele unserer Jugendlichen an. Wenn es jungen Leuten auch oft gelingen mag, ihre Feindschaft und ihren Widerstand gegen die Autorität in verhältnismäßig aufbauende Richtung zu lenken, so werden sie doch allzuoft von offen antisozialen Gruppen eingefangen und so daran gehindert, sich in die Gemeinschaft einzugliedern. Es wird gelegentlich behauptet, daß die heutigen Rebellen ein unvermeidliches Nebenprodukt des demokratischen Prozesses seien; aber die Zahl und die Tätigkeiten dieser Rebellen nehmen in einem Maß zu, das uns wenig Grund zur Selbstzufriedenheit läßt. Zudem verbreitet sich die Haltung der Resignation auf diesem Gebiet und ebenso auf dem Gebiet der Beziehungen zwischen Eltern und Kind, sobald man versucht, sich mit diesem Problem zu befassen.

Die Ursachen des Problems

Zahlreiche Erklärungsversuche bemühen sich um einige der Tatsachen, die wir dargestellt haben. Ein Psychoanalytiker versuchte zum Beispiel, die von den jungen Angehörigen der oberen Zehntausend bei dem oben erwähnten Ball begangenen Gewalttätigkeiten als „Massenpsychose" zu erklären. Er behauptete, daß ihnen das Bedürfnis, „bestraft zu werden", zugrunde liege; die Jugendlichen hätten nämlich das Gefühl, von ihren Eltern als kleine Kinder nicht streng genug behandelt worden zu sein. Ein anderer Autor behauptete, diese Kinder litten unter dem, was er „Anomie" nennt, dem Gefühl nämlich der Wurzellosigkeit, abgeschnitten zu sein von andern Mitgliedern der Gesellschaft oder nicht zu ihnen zu gehören. Wieder andere vermuten, daß die Jugendlichen in diesem materialistischen Zeitalter unter dem sogenannten Verfall von moralischen und geistigen Werten leiden. Vielleicht liegt in all diesen Äußerungen ein Körnchen Wahrheit, aber sie scheinen an den Unzulänglichkeiten zu leiden, welche die meisten Theorien dieser Art kennzeichnen. Entweder versuchen die Theoretiker nur, die Symptome zu behandeln, oder ihre Auffassungen sind so verschwommen und allgemein, daß sie nur geringe Bedeutung für die Lage haben, der wir gegenüberstehen. Sie scheinen auch nur wenig Verständnis für die Kräfte und Ereignisse zu besitzen, welche die Welt von heute und morgen formen.

Die Ursache für die ganze Fülle der Probleme ist wohl die schnelle und überwältigende gesellschaftliche Umwälzung, die in unserer Zeit stattfindet. Die erste Wandlung geschah vor acht- bis zehntausend Jahren, als der primitive Mensch begann, die Stammesketten zu brechen und die Anfänge der modernen Zivilisation zu setzen.

Die primitive Gesellschaft, die ziemlich homogen war, wich dem Kasten- und Klassensystem der Zivilisation. Die frühen Mythen und Legenden aller zivilisierten Völker berichten über den Menschen im Aufstand – gegen seine Götter, seine Herrscher, seine Rivalen. Kain und Prometheus rebellierten – und litten entsprechend; und ebenso Brunhilde, Medea und Antigone.

So ist Zivilisation durchweg der Aufstand einer Gruppe, die ihre früheren Herrscher ersetzt und zu neuer Ordnung und einer neuen Rebellion führt. Die Welt geht schon seit langer Zeit „vor die Hunde". Warum ist der gegenwärtige Trend schärfer und gefährlicher?

Heute, mit dem Heraufkommen der Demokratie können die früher Unterdrückten offen rebellieren: die Frauen, die Farbigen, die Arbeiter, die Armen und die Kinder rebellieren offen gegen autoritäre Herrschaft. In einer Demokratie kann man keinem Einzelwesen mehr seine Würde und seinen Wert absprechen oder rauben. Der Mensch ist nicht mehr willens, nur ein unbedeutendes Teilchen einer Masse zu sein.

Autoritäre Herrschaft alten Stils gibt es immer noch. Zwei Fünftel der Völker der Welt leben unter irgendeiner Form von Diktatur. Aber gegen die alten und neuen Formen der Herrschaft baut sich Widerstand auf, und dieser Widerstand folgt gleichen Taktiken, wo immer die Unterdrückten, Vernachlässigten oder Verachteten gleiches Recht und gleichen Wert fordern.

Hinter allen Formen des Aufstands steckt ein ähnliches

Verlangen: als Gleicher anerkannt zu werden. Das ist, was Alfred Adler als das möglicherweise erste soziale Gesetz formuliert hat: das Gesetz der Gleichheit, die eherne Logik gesellschaftlichen Lebens, welche die Anerkennung eines jeden menschlichen Wesens als gleich verlangt.

Das Dilemma der Eltern

In der gegenwärtigen Lage stehen die Eltern einem scheinbar hoffnungslos unlösbaren Konflikt gegenüber. Einerseits werden sie von Zeitungsartikeln, von Richtern, von der Polizei und von Schulbehörden ermahnt, ihre Kinder in Zucht zu halten; anderseits sehen sie sich nicht in der Lage, mit dem rebellischen Verhalten der meisten Kinder mittels der Methoden, die sie aus der Vergangenheit gelernt haben, fertig zu werden. Auf keinem Gebiet zeigt sich das deutlicher als auf dem Gesetzlichen, wo gefordert wird, daß die Eltern für Handlungen ihrer Kinder verantwortlich sind, bis diese mindestens das Alter von achtzehn und in machen Fällen das von einundzwanzig erreicht haben. Häufig ermahnt ein Richter, der einen jugendlichen Missetäter der Obhut seiner Eltern zurückgibt, streng aufzupassen, daß „das nicht wieder vorkommt"; aber nur selten gibt er ihnen nützlichen Rat. Wenn er seinen Rat anbietet, dann ist er gewöhnlich von der Sorte: „Mal anständig übers Knie legen", aber er sagt den Eltern nicht, wie sie es anstellen sollen, ein Kind zu verprügeln, das körperlich genauso groß oder größer ist als Vater oder Mutter.

Gleichzeitig aber können die Eltern auch mit dem Gesetz in Konflikt kommen, wenn sie *zu* streng mit ihren Kindern sind. Viele Eltern haben erkennen müssen, daß es für sie physisch unmöglich ist, einen Heranwachsenden davon abzuhalten auszugehen, wann er will, oder sich jeder beliebigen Unart innerhalb seiner physischen Fähigkeit und innerhalb der Umstände hinzugeben. Das gleiche kann von vielen jüngeren Kindern gesagt werden, nur daß ihr Wirkungskreis dadurch eingeschränkt sein mag, daß sie keinen Wagen fahren können. Aber, wie viele von uns wissen, beschränkt sich Gewalttätigkeit heute nicht nur auf ältere Jugendliche. Es wundert kaum, daß sich Eltern heute so entmutigt fühlen, wenn Schmeicheln, Bestechen, Schelten, Beschneiden von Vergünstigungen und selbst Schläge nicht mehr den gewünschten Erfolg erzielen.

Die elterliche Ratlosigkeit wird noch verstärkt durch den Freudschen Satz: „Du mußt dein Kind lieben, sonst stimmt etwas nicht mit dir." (Umgekehrt, wenn du deine Kinder liebst, ist alles andre gleichgültig.) Damit verbunden ist die Warnung, daß es dem Kind erlaubt sein muß, seine Gefühle auszudrücken, oder es wird einen Schuldkomplex entwickeln und voller Hemmungen werden. Es besteht kaum Zweifel daran, daß Freuds ursprüngliche Ideen falsch angewandt worden sind, denn allzu auffällig ist das Resultat. Es ist doch einfach nicht zu übersehen, wie viele unserer Mittelstandskinder sich von ihrem Zuhause abwenden und im Namen der Gleichheit in schäbigen Unterkünften hausen und nicht selten drogen- oder alkohol- oder sexabhängig sind oder lauthals Politikern, mit denen sie nicht einverstanden sind, das Grundrecht der Rede absprechen.

Wir sind jedoch der Ansicht, daß die Wurzeln dieses Problems tiefer liegen. Lägen sie nämlich allein in einer falsch verstandenen Anwendung der Freudschen Ideen, dann müßten die Kinder von Eltern der unteren Schichten, wo die Freudschen Ideen weder sehr bekannt waren noch angewendet wurden, die zitierten Symptome nicht zeigen. Aber es ist noch so. Bei ihren Kindern scheinen Rebellion, Angriffslust und Forderungen nach Rechten noch verbreiteter zu sein, freilich auch, weil sie eine sachlichere Grundlage haben. Die meisten Eltern müssen erkennen, daß das Grundthema in dieser lästigen Altersstufe *Gleichheit* und Freiheit lautet und daß die Rechte, welche die Kinder heute verlangen, jene sind, die alle anderen Gruppen unserer Gesellschaft anstreben. Gleichzeitig handelt es sich nicht um eine vereinzelte Erscheinung, sondern um eine, die sich überall in der Welt bemerkbar macht, selbst in Ländern mit Diktaturen. Eines der Ergebnisse ist, daß die Eltern buchstäblich gezwungen worden sind, ihren Kindern mehr Freiheit zu geben, aber sie haben es nicht fertiggebracht, ihre Kinder zu lehren, wie man diese Freiheit vernünftig nutzt. Vielleicht liegt das daran, daß der Vater früher der Herr in der Familie war und daß die Mutter und die Kinder, auch wenn ihnen nicht gefiel, was er sagte und tat, zumindest wußten, wo die Quelle der Autorität war. Indem sie diese Autorität annahmen, gelang es ihnen, sich einigermaßen sicher zu fühlen. Unglücklicherweise möchten heute in allzu vielen Familien mehrere den Herrn spielen, von denen jeder sein Recht, zu tun, was er will, ohne Rücksicht darauf, ob es die Rechte der andern beeinträchtigt, auszuüben sucht.

Natürlich ist das nicht Freiheit, sondern Anarchie. Wenn es keine Achtung vor den Rechten anderer und kein Verständnis dafür gibt, daß in der heutigen Familie keiner wirklich der Herr ist, herrscht keine wahre Demokratie, sondern Chaos. Wenn die Eltern anfangen zu verstehen, daß sie zwar ein Kind nicht daran hindern können, zu tun, was ihm seine physische Fähigkeit zu tun erlaubt, daß sie es aber lehren *können*, daß jede Handlung eine Folge hat, für die es verantwortlich ist, dann werden wir vielleicht als Gleiche zusammenleben können.

„Wir wollen mehr zu sagen haben"

Ein weiteres bedauerliches Nebenprodukt des Mißverständnisses zwischen den Generationen ist, daß die Eltern, wenn sie überholte autokratische Methoden anwenden, um ihre Kinder in Zucht zu halten, ihnen ein Recht verweigern, das für die Gleichheit unaufhebbar ist: das Mitspracherecht in ihren eigenen Angelegenheiten. Ein großer Teil des Widerstands der heutigen Jugend gegen die gesetzte Ordnung rührt wahrscheinlich mehr von diesem Mangel her als von den vorher besprochenen. Die Jugendlichen sehen, wie rundherum andere vorher entrechtete Gruppen allmählich immer mehr Rechte gewinnen und immer mehr über die Regelung eigener Angelegenheiten zu sagen haben. Frauen, Arbeiter und Minderheitsgruppen verlangen und erhalten in beträchtlichem Maß das Recht, am demokratischen Prozeß teilzuhaben, wir aber zollen dieser Forderung unseren Kindern nur ein Lippenbekenntnis. Man sehe sich nur den traurigen Zustand der Schülermitverwaltung in den Schulen an. Die Schüler, die sich um ein Schulamt bewerben, unterziehen sich allen demokratischen Verfahren, dürfen aber keine der wesentlichen Entscheidungen treffen; folglich spotten sie darüber oder werden teilnahmslos oder benutzen in zunehmendem Maß weniger annehmbare Methoden, um sich Gehör zu verschaffen. Ganz offensichtlich sind also neue Wege in der Kindererziehung notwendig, die nicht nur das Bedürfnis der Kinder stillen, zu lernen, wie man die eigenen Angelegenheiten regelt und am demokratischen Prozeß teilnimmt, sondern uns allen helfen, wirksamer mit der sozialen Revolution fertig zu werden, die um uns herum vor sich geht.

2. Verständnis für die Persönlichkeit des Kindes

Es ist eine Binsenwahrheit, daß man ein Kind verstehen muß, bevor man mit ihm umgehen kann. Heutzutage werden die Eltern mit Ratschlägen, wie sie ihre Kinder erziehen sollen, aus verschiedenen Quellen überschwemmt. Die meisten erscheinen in der Form von Vorschriften – was man tun oder nicht tun soll, wenn sich das Kind in bestimmter Weise unter bestimmten Umständen verhält –, aber die Eltern erhalten nur wenig Unterweisung, wie sie ihre Kinder verstehen können. Einige sogenannte Fachleute glauben, die menschliche Persönlichkeit sei so komplex, daß nur ausgebildete Psychologen oder Psychiater sie verstehen können; andre glauben, daß die Persönlichkeit mit Hilfe der „bewährten" Methode von Strafe und Belohnung in jede gewünschte Richtung gelenkt werden kann. Aber wesentlich ist hier, daß jedes Einzelwesen einzigartig und von jedem andern unterschieden ist. Obwohl sich der größte Teil der Verhaltensforschung damit beschäftigt, herauszufinden, wo überall die menschlichen Wesen gleich sind, ist festzustellen, daß wir unterschiedlich und gleich sind, daß wir zwar alle gewisse grundlegende menschliche Bedürfnisse gemeinsam haben, daß aber jeder von uns diese Bedürfnisse und Ziele irgendwie anders auslegt und behandelt. Das Verständnis für ein paar der wesentlichsten Weisen, in denen wir alle gleich sind, wird den Eltern sehr helfen, ihre Kinder besser zu verstehen. Diese Grundsätze sind ganz oder zum Teil den Theorien Alfred Adlers entnommen. In gewissem Sinn liefern sie die Grundlage für die in diesem Buch beschriebenen Auffassungen und Techniken.

Das Bedürfnis, sich zugehörig zu fühlen

Die Bedrohung, von andern verstoßen zu werden, ist vielleicht Ursache für die größte Furcht, die jemand erfahren kann. Die Erwachsenen lernen, die Folgen möglicher Zurückweisung durch andere hinter einer verblüffenden Vielfalt von „Mechanismen", wie Freud sie genannt hat, zu verbergen. Anderseits mißdeuten wir häufig eine Lage, in der wir zurückgewiesen zu sein glauben, es aber in Wirklichkeit nicht sind. Obwohl Kinder versuchen mögen, ihre wahren Gefühle vor uns zu verbergen, können wir aus ihren Handlungen ziemlich leicht schließen, ob sie sich verstoßen fühlen oder nicht.

Zuneigung, Zustimmung und Beachtung

In der heutigen Wettbewerbswelt wird die Tatsache, daß wir hinsichtlich aller Grundbedürfnisse des Lebens voneinander abhängig sind, oft unterschätzt, aber die Abhängigkeit eines Kleinkindes von seiner Mutter wird besser verstanden. Ohne ihre Sorge oder die Sorge eines Mutterersatzes würde das Kind offensichtlich in wenigen Stunden umkommen. Dabei handelt es sich um weit mehr als nur um die Befriedigung rein körperlicher Bedürfnisse. Untersuchungen haben gezeigt, daß sich das Kind ohne Zuneigung und Liebe und ohne geistige und körperliche Anreize durch die Mutter nicht zu einem normalen menschlichen Wesen entwickeln wird. Die Untersuchungen haben aber auch gezeigt, daß Gefühlswärme und Anreize, obwohl sie meistens von der Mutter geliefert werden, auch von irgendeinem andern menschlichen Wesen kommen können, das sich darum bemüht.

Offensichtlich formen auch die Haltungen, die aus der völligen Abhängigkeit von jemand für die lebensnotwendigen Bedürfnisse herrühren, die gesamte spätere Entwicklung des Kindes.

In den ersten Wochen nach der Geburt antwortet das Kind auf das, was mit ihm geschieht, mit dem, was einige Psychologen „Massenaktion" genannt haben. Wenn es ärgerlich oder hungrig ist, werden Gesicht und Leib rot, es bewegt Arme und Beine und schreit gleichzeitig. Zwar kann ein ähnlicher Vorgang stattfinden, wenn es geliebt oder gehätschelt wird, aber es dauert nicht lange, bis es lernt, auf Liebe anders zu antworten als auf Furcht oder Ärger. Es lernt noch etwas Wichtigeres: die Mutter antwortet nicht immer auf jede seiner Forderungen mit Liebe und Stillung der Bedürfnisse. Es merkt oft, daß die Flasche nicht kommt oder die Windeln nicht gewechselt werden, wenn es will, sondern vielmehr zu gewissen vorgeschriebenen Zeiten. So beginnt der Lernprozeß.

Das Kind lernt eine Reihe von Antworten auf verschiedene Handlungen der Mutter, aber sein Verhalten wird noch stark von Versuch und Irrtum bestimmt. Die Antworten mit den besten Ergebnissen werden behalten, die andern schnell fallengelassen. Es lernt auch schnell, daß es durch anhaltendes Schreien in einer bestimmten Situation schließlich bekommt, was es will. In andern scheint Schreien keine Ergebnisse zu erzielen und wird daher als Antwort aufgegeben.

Die Eltern sollen auch daran denken, daß ein Säugling in den ersten paar Monaten seines Lebens nur Laute hört und sehr wenig von dem, was er sieht, deuten kann; daher beruhen die meisten seiner Urteile über das elterliche Verhalten ihm gegenüber auf der Grundlage von Berührung und Laut. Ein Kind lernt schnell aus der Berührung der Mutter oder dem Klang ihrer Stimme, ob sie ärgerlich, freudig oder traurig ist. Diese Fähigkeit dauert noch lange an, nachdem die Sprache sich entwickelt hat, und verblüfft die Eltern sehr. Sie vergessen oft die Jahre des Eigentrainings, in denen das Kind gelernt hat, ihre Stimmungen auch ohne die Hilfe der Sprache zu deuten. Die wichtigste Lehre hieraus ist, daß Eltern, die ihre wahren Gefühle vor ihren Kindern zu verbergen suchen, meistens scheitern.

Wenn das Kind sich entwickelt, lernt es, daß bestimmte Handlungen bestimmte Antworten der Eltern hervorrufen. Es lernt auch zu deuten, was mit ihm geschieht. Wenn es ältere Kinder in der Familie gibt, lernt es, sich mit ihnen zu vergleichen und zu entscheiden, wer mehr Zuneigung durch die Eltern erfährt als es. Hier beginnt es oft, Zustimmung mit Zuneigung zu verwechseln. Viele seiner Fehler bei der Auslegung können das Ergebnis der traditionellen Methoden der Bestrafung sein. Schelten, Absonderung und Schläge werden von kleinen Kindern oft als Fehlen elterlicher Liebe angesehen. Kleine Kinder trachten dann gewöhnlich danach, Dinge zu tun, die ihnen günstige Beachtung durch die Eltern einbringen, aber die Eltern versäumen es oft, daraus Vorteil zu ziehen. In den Familien einer früheren, weniger verstädterten Zeit gab man den Kindern, sobald sie laufen konnten, gelegentlich oder regelmäßig Aufgaben im Haushalt, weil ihre Hilfe notwendig war. In der heutigen komplexen Gesellschaft gibt es gewöhnlich gar nicht genug Arbeiten, und für Väter und Mütter sind oft die Versuche kleiner Kinder, im Haushalt zu helfen, eher lästig als nützlich, besonders, wenn Hänschen Möbelpolitur mehr auf die Wände als auf die Möbel versprüht. Daher kommen die meisten kleinen Kinder zu irgendeiner Zeit zu dem Schluß, daß sie, wenn schon nicht Zuneigung und Anerkennung, so doch wenigstens Beachtung erringen können. Und wenn sie keine günstige Beachtung finden können, verlegen sie sich auf ungünstige, denn ihre größte Furcht ist, nicht beachtet zu werden.

Stellung in der Familie

Es mag für viele Eltern eine Überraschung sein, wenn sie erkennen, daß Persönlichkeitsunterschiede zwischen Geschwistern häufiger das Ergebnis des Wettstreits sind als der Vererbung oder andrer Ursachen. Wie viele Male haben Eltern sich sagen oder denken müssen: „Warum ist Hans in der Schule nicht so gut wie Jochen? Die Lehrer sagen, er sei genauso begabt, aber ihm scheint die Schularbeit keinen Spaß zu machen; er spielt viel lieber mit Autos herum oder geht schwimmen." Sie übersehen dabei, daß eben gerade Jochens Schultüchtigkeit der Grund dafür ist, daß Hans keine Freude am Lernen hat. Wenn das älteste Kind auf einem bestimmten Gebiet Erfolg hat, wird das zweite selten versuchen, es ihm auf diesem Gebiet gleichzutun, falls es nicht das Gefühl hat, mit dem andern gleichzuziehen oder es zu übertreffen.

Wäre Hans ein Mädchen, könnte das Ergebnis anders sein, weil Mädchen bis zur Pubertät körperlich und geistig ein wenig reifer zu sein pflegen als Jungen im gleichen Alter. Nehmen wir also an, Hans, der ein Jahr jünger ist als Jochen, wäre in Wirklichkeit das Mädchen Hanne. Irgendwann in ihren ersten Schuljahren merkt Hanne, daß sie in der Schule besser sein *kann* als Jochen. Wenn sie Erfolg hat, mag Jochen plötzlich sein Interesse an Schulerfolgen verlieren und sich dem Sport oder technischen Dingen zuwenden, wo er wahrscheinlich keine Rivalität von Hanne zu fürchten braucht.

Eine andere Ursache ist die *kulturelle* Erwartung. Obwohl viele unserer Halbwüchsigen und jungen Erwachsenen und besonders die Modeschöpfer eifrig versuchen, geschlechtliche Unterschiede zwischen Männern und Frauen auszumerzen, erwarten die meisten Eltern des Mittelstands immer noch, daß Jungen rauh und hart und schmutzig, körperlich aktiver und geistig mutwilliger sind als Mädchen. Von den Mädchen nimmt man an, daß sie sauber und wohlerzogen sind, Schularbeiten und Bücher lieben und sich nur selten schlecht benehmen. Unglücklicherweise erwartet man von den Jungen, daß sie irgendwann all das aufgeben und Ingenieure, Physiker oder Ärzte werden; von den Mädchen erwartet man, daß sie hart studieren, eine höhere Bildung erwerben und dann heiraten und Kinder kriegen. Es überrascht nicht, daß solche Konflikte in der Erwartung der Eltern es Jungen und Mädchen schwermachen, als Heranwachsende oder sogar als junge Erwachsene ihr Selbstverständnis zu finden. Man darf eben den oben erwähnten Grundsatz nicht vergessen: wenn ein Kind sich ein Leistungsgebiet abgesteckt hat, wird das jüngere Kind dieses selten aufgreifen, sondern in eine andere Richtung gehen, oft in die entgegengesetzte. Das ist Zweckverhalten, wenn sich das Kind auch nicht der Beweggründe bewußt ist, die hinter seinem Verhalten stecken. Wenn das älteste Kind zufällig ein Mädchen ist, wird es der Erwartung der Mittelstandseltern folgen: es wird verantwortungsbewußt, gut und fleißig. Wenn das zweite Kind ein Junge ist, der trotz bisheriger Bemühungen entmutigt ist, von seinen Eltern wohlwollende Anerkennung zu finden, kann er sich entschließen, das genaue Gegenteil seiner Schwester zu werden: unverantwortlich, böse und faul. Natürlich müssen die Eltern daran denken, daß das eine Kind seine Lage ein wenig anders beurteilen kann als das andre. Jedoch müssen sie bestimmte Tatsachen und Grundsätze kennen, um ihre Kinder besser zu verstehen. Die Stellung eines jeden Kindes in der Familie ist einzigartig; dennoch wird die Wirkung der Stellung auf seine Entwicklung sehr unterschätzt. Natürlich wird sie von Gegebenheiten wie dem Geschlecht des Kindes, dem Altersunterschied zwischen den Kindern einer bestimmten Familie und ihrer Behandlung durch die Eltern beeinflußt. Damit aber die Eltern besser verstehen, was geschieht, verdienen die *Tatsachen* einer jeden Situation eine Untersuchung.

Das älteste Kind

Die offensichtlichste Tatsache beim ältesten Kind ist, daß es eine Zeitlang die ungeteilte Aufmerksamkeit seiner Eltern genießt. Dann wird es verdrängt oder, wie Adler sagt, „entthront". Wie traumatisch diese Verdrängung für das älteste Kind ist, schwankt von Familie zu Familie. Es hängt davon ab, wie viele Jahre später das zweite geboren wird, und von der Reife, mit der die Eltern die Lage meistern. Aber sicher ist der Schock groß, wenn der Altersunterschied fünf Jahre oder weniger beträgt. Selbst im Alter von fünf Jahren, wenn der Lebensstil des Kindes schon gut entwickelt ist, können ihm die Eltern nur schwer beibringen, daß die Notwendigkeit, dem Neuankömmling mehr Zeit an Fürsorge zu schenken, nicht bedeutet, daß *es* zurückgesetzt wird. Wenn der Altersunterschied drei Jahre oder weniger beträgt, gibt es kein Mittel, das dem Kind zu erklären; die Eltern können den Verlust nur dadurch ausgleichen, daß sie ihm besondere Aufmerksamkeit schenken. Diese kann das Kind durch schlechte Laune oder andere negative Verhaltensweisen, mit denen es versucht, seine Anwesenheit deutlich zu machen, auf sich lenken. Allzuoft wird, wenn die Eltern darauf hereinfallen, der Boden für spätere ernsthaftere Störungen bereitet.

Die zweite Tatsache ist der Mangel an Erfahrung der Eltern im Umgang mit dem ersten Kind. Wahrscheinlich sind seine Auswirkungen unterschiedlicher als im Fall der Verdrängung. Im allgemeinen sind die Eltern ängstlicher, besorgter und nachsichtiger als bei späteren Kindern.

Obwohl offensichtlich die meisten ältesten Kinder diese Traumata zufriedenstellend überwinden, hat die Forschung gezeigt, daß bestimmte Persönlichkeitsmerkmale bei den jeweils ersten und zweiten Kindern in den Familien häufiger vorkommen, wo der Altersunterschied geringer als fünf oder sechs Jahre ist – was wahrscheinlich in den meisten Familien der Fall ist. Älteste Kinder neigen dazu, konservativer zu sein, Autorität (besonders ihre eigene) zu bevorzugen und Änderungen zu scheuen, aber sie sind geeigneter für Verwaltung und Management, weitgehend wohl deshalb, weil die Eltern geneigt sind, das älteste Kind mit mehr Verantwortung auszustatten. Dies ist eine Tradition aus früheren Zeiten, vor allem in bäuerlichen Familien, wo jede Hand gebraucht wurde, um die Ernte einzubringen und den Haushalt zu führen; besonders vom ältesten Sohn erwartete man,

sich den Mantel der Verantwortung anzuziehen und schließlich
die Aufsicht über das Familienvermögen zu übernehmen. Und
die älteren Mädchen, die ihm vielleicht vorausgegangen waren,
hatten ihren Anteil an der Arbeit, aber nicht an der Autorität,
die zu den männlichen Vorrechten gehörte. In der zeitgenössi-
schen Gesellschaft scheint diese Verantwortung und bis zu einem
gewissen Grad auch die damit verbundene Autorität häufiger
dem ältesten Kind zuzufallen.

Das zweite Kind

Gegensätze der Persönlichkeit und der Entwicklung zwischen
dem ersten und dem zweiten Kind sind unschwer zu erkennen.
Die wichtigste Tatsache für das zweite Kind ist, daß es gewöhnlich einen Älteren, Größeren und Fähigeren vor sich hat. (Es gibt
Ausnahmen. Das älteste Kind kann durch Krankheit benachtei-
ligt sein oder, wenn die beiden Kinder im Alter sehr nahe beein-
ander sind, kann das zweite körperlich und geistig schneller reifen und das erste überholen.) In den meisten Fällen sieht das
zweite Kind im ersten das, was Adler den „Schrittmacher" genannt hat, und sein Ziel ist es, das erste in der Beachtung und
Zuneigung der Eltern zu überholen und zu ersetzen. Durch Erfahrung begünstigt, werden Eltern gewöhnlich nicht mehr viele
der Fehler wiederholen, die sie beim ersten Kind gemacht haben.
Untersuchungen haben gezeigt, daß das zweite Kind im allgemeinen flexibler ist als das erste und es versteht, Änderungen
als ein Mittel zum Machtgewinn anzusehen.

Das mittlere Kind

Wenn ein drittes Kind in der Familie erscheint, kommt zu den
Problemen, die dem zweiten begegnen, zweifellos noch das der
Verdrängung. Im allgemeinen sieht es sich jetzt gezwungen,
nicht nur mit einem Kind, das größer und stärker und fähiger
ist als es, zu wetteifern, sondern Beachtung und Zuneigung mit
dem Neuankömmling zu teilen. Wenn es darauf nicht positiv zu
reagieren vermag, wird es oft schwanken zwischen dem Wunsch,
verantwortlich wie das älteste Kind oder ein Baby wie das jüngste
zu sein. Wenn es nicht in der Lage ist, damit fertig zu werden,
wird es oft kein echtes Selbstverständnis entwickeln können.

Das jüngste Kind

Das jüngste Kind erfreut sich natürlich eines einzigartigen Vorteils vor seinen älteren Geschwistern. Es kann nie verdrängt werden. Je größer die Familie, desto eher mag es sich in der beneidenswerten Stellung finden, das Baby für eine ganze Schar von Mamas und Papas zu sein, die alle eifrig bemüht sind, es zu bemuttern. Obwohl jüngste Kinder häufiger verwöhnt werden als die andern, scheinen sie am wenigsten ungünstig auf das Verwöhntwerden zu reagieren. Interessant ist auch, daß immer, wenn mit der Familientradition gebrochen wird, es höchstwahrscheinlich der Jüngste ist, der eine Beschäftigung oder einen Beruf wählt, in dem seine Persönlichkeitsmerkmale oder Tätigkeiten sich der vorherrschenden Tradition entgegenstellen.

Das einzige Kind

Das Einzelkind genießt den Vorteil, nicht verdrängt zu werden, aber dieser wird oft dadurch aufgehoben, daß es keinen ihm in Alter und Fähigkeit Nahestehenden hat und sich daher ganz nach den Eltern ausrichten muß. Oft führt das zu einem Wettstreit zwischen den Familienmitgliedern gleichen Geschlechts um die Anerkennung oder wohlwollende Beachtung des Elternteils des andern Geschlechts. Zwar braucht das Einzelkind länger, um die Fähigkeit zu entwickeln, mit Gleichaltrigen gesellschaftlich in Beziehung zu treten, doch scheint das seine Fähigkeit, sich als Erwachsener der Welt anzupassen, nicht wesentlich zu beeinträchtigen.

Große Familien

Weil die oben beschriebenen Stellungen verhältnismäßig stabil und ähnlich sind, können die Ergebnisse von Untersuchungen und Beobachtungen der Kinder in diesen Stellungen verallgemeinert werden. Jedoch folgen in großen Familien die mittleren Kinder, die sich zwischen den ältesten und jüngsten befinden, nicht unbedingt feststehenden Verhaltensrichtungen in ihrer Entwicklung. Faktoren wie Altersunterschied, Geschlecht, Elternverhalten und Familienumstände beeinflussen mittlere Kinder unterschiedlich. Höchst wichtig ist, daß die Eltern beobachten, wie jedes einzelne Kind auf die ihm im Alter nächststehenden, ob älter oder jünger, reagiert.

Die Rolle der Eltern

Natürlich ist die Art, wie die Eltern auf diese Umstände reagieren, von wesentlicher Bedeutung. Bei der Behandlung der Kinder müssen sie darauf achten, daß jedes Kind zu einer positiven und gemeinschaftsfördernden Richtung ermutigt wird, die unabhängig ist von denen der andern Kinder der Familie. Wegen ihres eigenen Ehrgeizes übersehen die Eltern oft den Wert von Tätigkeiten, die für das Kind nützlich und befriedigend sein können, aber nicht in ihre eigenen besonderen Vorstellungen passen. Zum Beispiel sind Eltern mit hohen akademischen Zielvorstellungen oft bestürzt darüber, daß ihr zweites Kind nicht die wissenschaftliche Tüchtigkeit des ersten erreicht. Sie verstehen nicht, daß es nicht willens ist, auf einem Gebiet zu wetteifern, das es vom ersten beherrscht weiß. Daher seine Wahl für ein anderes, oft entgegengesetztes. Jeder Versuch, das zweite Kind in die Richtung des ersten zu drängen, stößt fast unweigerlich auf harten Widerstand. „Warum kannst du in der Schule nicht so gut sein wie deine Schwester?" ist die häufige Klage enttäuschter Eltern, die ihren eigenen Ehrgeiz über das Selbstinteresse eines Kindes stellen. Wenn das erste Kind wissenschaftlich veranlagt ist, werden kluge Eltern ihr zweites zu einer nützlichen Tätigkeit, die es liebt, ermutigen, sei sie technischer, sportlicher oder gesellschaftlicher Art. Eltern sind oft verwirrt, wenn sie entdecken, daß das zweite Kind, dem das Lernen deutlich gleichgültig gewesen ist, plötzlich, nachdem das erste die Schule beendet und das Haus verlassen hat, zu einer wissenschaftlichen Leuchte wird. Eltern, die die Dynamik hinter diesem Verhalten verstehen, werden es als Zweckverhalten erkennen, auch wenn das Kind sich der wahren Natur seines Ziels nicht bewußt ist.

Die Hauptgefahr für die Eltern, die die Neigungen ihrer Kinder nicht verstehen wollen oder können, besteht darin, daß ein Kind zu dem Schluß kommen kann, es könne durch positiven Wettstreit mit seinen Geschwistern keine Anerkennung, aber einen großen Teil von Beachtung gewinnen, wenn es die umgekehrte Richtung einschlägt. Es zeigt sich dann von seiner schlechtesten Seite. Wenn es faul, unverantwortlich, unstetig ist oder in der Schule schlecht arbeitet, bringt ihm das mit Sicherheit Schelte, Bestrafungen und Ermahnungen ein und ebenso elterliche Verzweiflung. Und genau das will es. Jede Anstrengung, es besser zu „machen", trifft auf mehr Widerstand. Die Tragödie besteht darin, daß Kinder oft diese Gewohnheiten so einüben, daß sie, wenn die Notwendigkeit für diese Art von Beachtung entfällt, nicht gelernt haben, in anderer Weise zu handeln.

Die gleichen Merkmale entwickeln sich in den verschiedenen Stellungen innerhalb gestörter Familien, aber die Grundregeln sind nicht dieselben. Wegen der eigenen Schwierigkeiten, eine feindliche und gleichgültige Welt zu bestehen, sind die Eltern entweder nicht willens oder nicht fähig, Kindern, die konstruktiv sein möchten, irgendeine Art von Ermutigung zu geben. Daher bleiben die Kinder ziemlich stark sich selbst überlassen, und nur extremes Betragen wie Schlägereien, Gewalttätigkeit und Zerstörung reichen aus, um die Aufmerksamkeit der Eltern zu erregen. In der Schule fühlt sich ein solches Kind verloren, im Lernen sieht es keinen Wert. Gewöhnlich steht es von dem Augenblick an, da es in die Schule eintritt, einer Folge von Fehlschlägen gegenüber, scheidet entweder aus oder „sitzt" seine Zeit ab. Gewalt, Sex und Drogen scheinen der einzige Ausweg für diese Art von Entmutigung zu sein.

Die falschen Ziele des Verhaltens

Es gab eine Zeit mit vielen Gelegenheiten für Kinder, durch konstruktive Mittel Anerkennung zu erringen. Weil es weniger arbeitssparende Geräte gab, brauchten die Eltern bei der Führung des Haushalts viel mehr Hilfe; daher wurden die Kinder zu einer großen Vielfalt von Aufgaben herangezogen. Sie fühlten nicht nur die Verantwortung, die mit der Zugehörigkeit zur Familiengruppe verbunden war, sie fühlten sich auch notwendiger und ihres Platzes in der Familie sicherer. Heute, vor allem in den Familien der Mittel- und Oberschicht, müssen die Eltern Arbeit für Kinder verfügbar „machen". Oft nehmen die Kinder die künstliche Form, in der Aufgaben auferlegt werden, übel. Daher kommen sie leicht dazu, negative, rebellische Wege zu benutzen, um Aufmerksamkeit zu erregen. Wenn die Eltern jedoch lernen, die Gründe hinter dem Mißverhalten zu erkennen und zu verstehen, sind sie besser in der Lage, es abzustellen.

Alles Mißverhalten ist das Ergebnis einer falschen Annahme des Kindes über die Art, seinen Platz zu finden und Status zu gewinnen. Wenn der Erwachsene sich der Bedeutung des kindlichen Mißverhaltens nicht bewußt ist, fällt er auf die unbewußte Intrige herein und verstärkt nur die falsche Absicht des Kindes. Um es in einer solchen Lage wirksamer zu behandeln, muß der Erwachsene die Muster des Mißverhaltens und seine versteckten Ziele erkennen. Wir unterscheiden vier solche Ziele: 1. Aufmerksamkeit erringen, 2. Machtkampf, 3. Rache und 4. Unfähigkeit als Ausrede.

1. Aufmerksamkeit erringen
Mutter war in der Küche, um den Frühstückstisch abzuräumen,
als sie einen bekannten Laut hörte. Hans, drei Jahre alt, kam
schluchzend zu ihr gelaufen. „Er hat mich geschlagen, er hat
mich geschlagen." Mutter ließ seufzend ihre Arbeit liegen und
ging nachsehen. Hans folgte, laut schreiend. Robert, fünf Jahre
alt, war in seinem Zimmer und spielte mit seinem Malbuch. „Was
ist los?" fragte Mutter gereizt. „Hast du Hans geschlagen?" „Er
hat meine Farbstifte genommen, und ich habe ihm gesagt, er
dürfte nicht damit spielen." „Deshalb brauchst du ihn doch nicht
zu schlagen", sagte Mutter. „Dafür wirst du eine Stunde lang
in deinem Zimmer bleiben." „Aber Mutter, das ist ungerecht,
er war schuld." Robert fing an zu weinen. Mutter verließ das
Zimmer und ließ einen triumphierenden Hans zurück. 10 Minuten später fing dieselbe Geschichte wieder an.

Wie oft wiederholt sich dieses Schauspiel in allen Familien! Aber die Mutter versteht oft nicht, daß der *Zweck* des Streits ihrer Kinder ist, sie zur Einmischung zu bewegen, Partei zu ergreifen, das eine oder beide Kinder zu schelten oder zu bestrafen. Ihre Einmischung in den Zank, so gerecht sie sich bei ihrer Entscheidung auch fühlen mag, verstärkt den Wunsch der Kinder, beachtet zu werden. Außer in Fällen, wo ein schwer gestörtes älteres Kind ein jüngeres verletzen könnte, ist es für die Mutter, ohne Rücksicht auf das Ergebnis, am klügsten, die Kinder die Sache selbst austragen zu lassen. Wenn sie entdecken, daß die Mutter nicht in ihren Streit eingreifen wird, hören sie gewöhnlich auf. Natürlich beschränkt sich der Wunsch, Aufmerksamkeit zu erringen, nicht auf das Verhalten von Kindern. In der einen oder andern Form kann man dies Verhalten auch bei den meisten Erwachsenen beobachten.

Das Streben nach Beachtung wird häufig mit gestörtem Verhalten gleichgesetzt, aber auch hinter hilfsbereitem Verhalten sehr junger Kinder kann der Wunsch nach besonderer Beachtung stecken. Tatsächlich ist es oft äußerst schwierig, zwischen dem Verhalten um der Beachtung willen und dem hilfsbereiten Verhalten, das von einem echten Gefühl der Zugehörigkeit und dem Willen zu helfen herrührt, zu unterscheiden. Im allgemeinen ist jedoch das „erfolgreiche" Kind, dessen Ziel, Beachtung zu erlangen, darin besteht, das beste oder besser als die andern zu sein, oft ein Streber, der Kritik gegenüber sehr empfindlich ist und Angst vor Mißerfolgen hat. Es muß einsehen lernen, daß es seinen Wert nicht ständig zu beweisen braucht und daß Befriedigung eher in der hilfreichen Tätigkeit selbst liegt als in der günstigen Antwort darauf.

Es gibt unzählige Äußerungen des negativen Strebens nach Beachtung. Ein Kind kann ständig in Schwierigkeiten geraten, seine Pflichten nicht erfüllen, mit seinen Geschwistern streiten. Es kann ein Trödler sein, unfähig sich anzuziehen oder sich zu beschäftigen. Für die Eltern aber ist es wichtig, zu verstehen, daß hinter allen diesen Handlungen der Wunsch steckt, die Erwachsenen dahin zu bringen, daß sie es beachten und bedienen. Wir werden an späterer Stelle in diesem Buch die Methoden erörtern, wie man mit diesem Problem fertig wird.

2. Der Kampf um die Macht

„Bernd, ich habe dir schon vor einer Stunde gesagt, du sollst den Rasen mähen." Vaters Stimme klang gereizt. „Ja, ja, ich hatte noch in meinem Zimmer zu tun." „Ich will nichts mehr hören. Geh und mäh sofort den Rasen." „Schon gut. Einen Augenblick." Fünf Minuten später steckte Vater den Kopf aus der Tür. „Bernd, ich hatte dir doch befohlen, den Rasen zu mähen. Wo bist du?" Eine Stimme aus der Garage: „Ich bin gleich da. Ich suche nur nach der Ölkanne, um den Rasenmäher zu ölen." „Du kommst jetzt sofort her, oder du bekommst diese Woche kein Taschengeld."

Obwohl der Junge in diesem Fall nur den Rand offenen Widerstands streift, erkennt der Vater nicht, daß sein Beweggrund

Macht ist. Die meisten Eltern wissen gar nicht, daß die Absicht des Kindes ist, *Vater oder Mutter in einen Kampf zu verwickeln,* nicht unbedingt, ihn zu gewinnen. Natürlich möchte sich der Junge gern vorm Rasenmähen drücken; für ihn sind häusliche Pflichten abscheulich, vor allem, weil er wenig dabei zu sagen hat, welche er lieber tun würde – oder ob er sie überhaupt tun möchte. Ohne Rücksicht auf das Endergebnis dient es seiner Absicht, wenn er den Vater in den Streit verwickeln kann. In Wirklichkeit läßt er ihn nach seiner Pfeife tanzen, indem er ihn zwingt, etwas zu tun, was er nicht tun möchte. Das gleiche geschieht, wenn ein Elternteil versucht, ein Mißverhalten zu korrigieren, das ursprünglich nur auf Beachtung zielte; eine Weigerung des Kindes, aufzuhören, zwingt den Erwachsenen zu noch strengerem Verhalten, um die Gewalt über das Kind wiederzugewinnen, die er verloren zu haben glaubt. Während das Kind häufig solch einen Streit am Ende nicht gewinnt, sichert es sich jedesmal einen „Sieg", wenn es einen Befehl durchkreuzen kann. Und so erfährt ein Erwachsener, der sich auf einen Streit mit einem Kind einläßt und versucht, diesem die Befolgung seiner Forderungen aufzuzwingen, endlose „Niederlagen"; tatsächlich spielt er dem Kind in die Hände. *Wenn man sich einmal auf einen Kampf einläßt, hat das Kind ihn schon gewonnen!*

3. Rache

Drei Halbwüchsige fuhren in einem alten zerbeulten Wagen eine ziemlich leere Straße entlang, als sie einen alten Mann auf dem Bürgersteig entlangschlurfen sahen. Ein Junge sagte zu den andern: „Na, dann wollen wir mal." Obwohl der Alte jammernd versicherte, daß er kein Geld habe und ihnen nichts geben könne, schlugen sie ihn, bis er besinnungslos und blutend liegenblieb. Dann sprangen sie in den Wagen und fuhren davon.

Die meisten Erwachsenen des Mittelstands sind entsetzt, wenn sie von einem solchen Verbrechen hören. Die Zeitungen nennen es „sinnlos" oder „grundlos". In Wahrheit gibt es überhaupt nicht so etwas wie eine grundlose Tat; hinter jedem Verhalten steht ein Zweck. In diesem Fall war der alte Mann nur das hilflose Opfer von drei Jungen, die ihren Haß und ihre Rache gegenüber einer Gesellschaft, in der sie keinen Platz zu haben glaubten, an einer Person austrugen, die schwächer war als sie und daher weniger fähig, sich zu wehren.

Das Kind, dessen Verhalten durch Rache motiviert wird, offenbart eine Störung, die ans Pathologische grenzt. Gewöhnlich wird dieser Zweck erst nach einer langen Reihe von Enttäuschungen gesucht, wenn das Kind zu der Auffassung gelangt ist, daß Streben nach Beachtung und Macht es nicht für den äußersten Mangel an Zugehörigkeit entschädigen kann. Das Kind, das auf Rache aus ist, hat die Hoffnung aufgegeben, Wert durch konstruktive Tätigkeit erlangen zu können. Es hat einen Zustand erreicht, in dem es glaubt, daß jeder gegen es ist und daß der einzige Weg, Anerkennung zu gewinnen, darin besteht, den Erwachsenen für die Weise heimzuzahlen, in der es sich behandelt glaubt. Gewöhnlich hat es recht mit seiner Deutung; es ist tatsächlich herumgestoßen worden. Es weiß einfach nicht, daß sein bösartiges Verhalten fast die Behandlung herbeizwingt, die es erfährt.

Das Verhalten der meisten kriminellen Kinder ist Ausdruck der Rache. Im allgemeinen glauben sie, daß sie nur dann anerkannt werden, wenn sie Feindschaft hervorrufen. Das führt zur Bestrafung durch die Gesellschaft, die ihrerseits weitere Feindschaft beim Übeltäter anreizt. Das Ende dieses unheiligen Kreises ist oft genug der Gewohnheitsverbrecher, der den Zwang zu weiteren Verbrechen spürt, sobald er aus dem Gefängnis entlassen ist.

Er kämpft einen Krieg gegen die Gesellschaft und ist bereit, die Wechselfälle dieses Kriegs hinzunehmen. Eltern mit solchen Kindern verfallen oft der Verzweiflung. Wenn ein kriminelles Kind das Jugendlichenalter erreicht hat, können die Eltern wenig ohne berufsmäßige Hilfe anfangen, obwohl sie lernen können, ihr eignes Verhalten so zu ändern, daß sie nicht auf die alten Provokationen reagieren. Wenn sie überhaupt Erfolg haben, kann manchmal eine Verbindung mit dem Kind wiederhergestellt werden. Im allgemeinen aber kannst du einem Kind, das Rache will, nur helfen, wenn du es davon überzeugst, daß wenigstens du es nicht so behandelst, wie es alle andern seiner Überzeugung nach tun. Wenn du das kannst, besteht manchmal Hoffnung, es zu retten, bevor es zu spät ist.

4. Unfähigkeit als Ausrede
„Aber Sabine, warum kannst du die Aufgabe nicht richtig lösen?" fragte Mutter. „Schließlich bist du doch in Lesen und Schreiben gut; warum kannst du denn die Rechenaufgaben

nicht?" „Ich habe es doch schon gesagt, ich bin in Rechnen dumm", weinte Sabine. „Die Lehrerin meint das auch." „Hat sie das gesagt?" fragte Mutter. „Nein, aber sie antwortet nur auf die Fragen der schlauen Kinder. Ich sag' dir's, ich bin einfach dumm in Rechnen." „Ach, ich glaub', du hast recht", seufzte Mutter. „Vater und ich waren auch nie gut in Mathematik. Es muß in der Familie liegen."

Eltern sind ungewöhnlich gern bereit, das Versagen eines Kindes auf einem Gebiet, bei dem sie selbst Schwierigkeiten gehabt haben, hinzunehmen. Sie übersehen, daß der Mangel an Fähigkeit vom Kind eher *behauptet* wird, als wirklich vorhanden ist. Darin zeigt sich vielleicht die extremste Form von Entmutigung. Das Kind hat es aufgegeben, sich überhaupt noch zu bemühen; es will nichts weiter als in Ruhe gelassen werden, damit seine Mängel nicht so schmerzlich offenbar sind. Es überrascht, wie oft wir auf Leute mit verhältnismäßig guten Leistungen treffen, die Schwächen auf bestimmten Gebieten, wenn auch nicht völliges Versagen zu haben behaupten. Eine behauptete Schwäche in Mathematik ist die häufigste Form. Das hat nicht selten den Beweggrund, Enttäuschung und Verzweiflung bei Eltern und Lehrern, die ihm zu helfen suchen, hervorzurufen (gewöhnlich hat es dabei kaum Schwierigkeiten). Die Eltern sollten ohne Rücksicht auf ihre eigenen Gefühle es unter allen Umständen vermeiden, ein Kind zum Erfolg auf Gebieten, in denen es sich schwach fühlt, zu drängen. Sie sollten es lieber anregen und ermutigen auf den Gebieten, wo es sich erfolgreich fühlt.

Wir haben es auch mit Kindern zu tun, deren angebliche Schwäche oder Unfähigkeit ein totales Verhaltensmuster ist. Jüngere Untersuchungsergebnisse haben die Meinung bestätigt, die wir schon seit Jahren vertreten, daß nämlich die große Mehrheit von Leistungsschwächen, vor allem auf geistigem Gebiet, die Folge von Entmutigung und nicht angeborene Unfähigkeit ist. Mit andern Worten, ausgenommen bei Kindern mit bekannten neurologischen oder körperlichen Defekten, ist geistige Behinderung primär ein psychologischer Defekt in frühen Jahren. Es gibt jedoch auch Gründe für die Auffassung, daß ein Kind ohne richtige Anreize in den ersten neun oder zehn Lebensjahren seine Fähigkeiten hinterher nicht mehr entwickeln kann.

Ein Kind, das sich einer Aufgabe nur unzulänglich oder überhaupt nicht gewachsen fühlt, wird gar nicht erst versuchen, sie

31

anzupacken, gleichgültig, ob seine Schwäche eingebildet oder wirklich ist. Erst vor sehr kurzer Zeit haben wir die verheerende Wirkung des gegenwärtigen Systems von Noten und Versetzungen erkannt, das zahllose Kinder ohne Rücksicht auf ihre gesellschaftliche und wirtschaftliche Herkunft entmutigt hat, das Lernen zu versuchen. Das gilt nicht nur für milieugeschädigte Kinder, sondern auch für solche aus besser gestellten Familien, die aus den verschiedensten Gründen zurückfallen, aber ihre Unfähigkeit als Ausrede benutzen, um Sympathie und Beachtung von Eltern und Lehrern zu gewinnen. Vielleicht eine der häufigsten Formen angeblicher Unfähigkeit sind Lesehemmungen. Trotz einer verwirrenden Fülle von Untersuchungen, Theorien und Auffassungen sind die Forscher bisher nicht fähig gewesen, eine zufriedenstellende Erklärung dafür zu finden, warum *mehr als 75% aller gehemmten Leser Jungen sind.* Es gibt keinen Beweis dafür, daß Jungen gegenüber Mädchen visuell, motorisch oder intellektuell unterlegen sind. Was ist also die Antwort? Vielleicht sollten die Gelehrten den kulturellen Imperativ in Betracht ziehen, der diktiert, daß man von Mädchen Liebe zu den Büchern und zum Lesen erwartet, nicht aber von Jungen, wenigstens nicht, bis sie zu weiterführenden Schulen kommen. Außerdem bringt das Zurückbleiben im Lesen in normaler Umgebung dem Kind ein ungewöhnliches Maß an besonderer Beachtung von Eltern, Lehrern und der Gesellschaft ein. Oft kann die Unfähigkeit durch eine wirkliche Schwierigkeit, der das Kind sich gegenübersah, hervorgerufen worden sein, aber es hat schnell gemerkt, daß sie ein höchst wirksames Mittel dafür ist, daß die Eltern sich dauernd um es kümmern. So bleibt der Beweggrund, die Unfähigkeit weiter zu pflegen, selbst wenn keine Notwendigkeit mehr dazu besteht.

Eine der wichtigsten und schwierigsten Empfehlungen für die Eltern im Fall von Lesemängeln lautet, *jede Art von besonderer Übung der Schule zu überlassen.* Eltern sollten selbst nie versuchen, ihrem Kind dabei Privatunterricht zu geben, selbst wenn die Schule solche besondere Hilfe empfiehlt. Wenn das Problem ernst genug ist, sollte das Kind einer Spezialinstitution anvertraut werden, die solche Störungen behandelt. Wenn es weniger ernst ist, aber besondere Hilfe nötig ist, kann diese von einem älteren Kind kommen, das nicht Mitglied der Familie ist. Die Eltern sollten ohne Rücksicht auf ihre Gefühle sich zurückhalten. Auf diese Weise vermeiden sie es, den Versuch des Kindes zu unterstützen, die Schwäche als ein Mittel zur Beachtung zu benutzen, und sie überlassen es somit ihm selbst, die Antwort darauf zu finden, ob es sich bessern will oder nicht. Häufig kann die Genesung, wenn das Kind merkt, daß es selbst entscheiden kann, überraschend schnell sein.

Bedeutung von Erwartungen

Hinter all den oben beschriebenen Wechselwirkungen stecken die Erwartungen des Kindes. Jedes Kind – übrigens auch jeder Erwachsene – handelt seinen Erwartungen entsprechend. Die meisten Eltern antworten auf die Erwartungen ihres Kindes und bestärken so sein Verhalten. Wenn z. B. ein Kind, das beim Mittagessen wiederholt verrückt spielt, gescholten und aufgefordert wird, ruhig zu sein, verstärkt dies Verfahren seine Verhaltensweise, statt es zu lehren, sich in Zukunft anders zu benehmen. Ähnlich handelt das rachsüchtige Kind, das Feindschaft provoziert, weil es Beschimpfung will und erwartet, so daß es sich in seinem Tun gerechtfertigt fühlen kann. Mit andern Worten, um die Handlungen des Kindes zu verstehen, muß man sie im Zusammenhang sehen, nicht als gingen sie allein von ihm aus, sondern als Teil einer Gesamtsituation. An dieser arbeiten alle, das Kind, seine Gleichaltrigen, seine Eltern und seine Lehrer mit, um der kindlichen Handlung, ob recht oder unrecht, eine Bedeutung zu geben.

3. Grundsätze der neuen Wege

Kindererziehung hat sich immer auf Tradition gegründet. Nur wenige Leute erkennen die kulturelle Abnormalität unsrer Zeit. Niemals außer in unsrer Generation haben die Erwachsenen Vorlesungen, Bücher und Belehrungen darüber gebraucht, wie sie ihre Kinder behandeln müssen. Jede Generation lernte es von der vorhergehenden. Margaret Mead[1] hat eine Anzahl von primitiven Gesellschaften beschrieben; jede erzog ihre Kinder anders und entwickelte besondere Persönlichkeitstypen; aber in jedem Stamm wurden die Kinder wahrscheinlich Tausende von Generationen lang auf die gleiche Weise aufgezogen, und jeder Erwachsene und jedes Kind wußte, was in einer bestimmten komplexen Situation zu tun war. Erst die Entstehung der Demokratie verursachte das gegenwärtige Dilemma. Im alten Rom und Griechenland beklagten sich Cicero und Plato über den Mangel an Respekt der Kinder für die Erwachsenen. Eine ähnliche demokratische Periode in den letzten paar Jahrhunderten verursachte Wandlungen in den menschlichen Beziehungen und schuf Erziehungsschwierigkeiten. Innerhalb der demokratischen Evolution mit ihrem steigenden Maß an Gleichheit gewann jede neue Generation von Kindern mehr Freiheit und forderte immer erfolgreicher die Autorität der Älteren heraus. Heute können wir nicht mehr das Verhalten, den Lerneifer, die Hingabe des Kindes „machen".

Druck von außen hat als Methode der Behandlung von Kindern an Wirksamkeit verloren. Belohnung und Bestrafung waren in einer autokratischen Umgebung nützlich; wenn wir aber heute eine Belohnung geben, nimmt das Kind sie nicht mehr dankbar als Gunst einer gütigen Autorität an; nein, es betrachtet sie als sein *Recht* und wird nichts tun, wenn nicht eine weitere Beloh-

---

[1] Margaret Mead, From the South Seas, New York 1939.

nung dabei herausspringt. Die Lage ist noch schlechter, was Bestrafung angeht. Die einzigen Kinder, die auf Bestrafung gut reagieren, sind die, welche sie nicht nötig haben, mit denen man reden kann. Die aber, die wir mit Straffolgen beeindrucken wollen, sprechen vielleicht kurz darauf an, nehmen dann aber ihren Widerstand wieder auf. Wenn der Erwachsene das Recht zu strafen hat, so glauben sie, haben sie das Recht, sich zu widersetzen. Gegenseitige Vergeltung füllt unsere Familien und Schulen. Der erste Schritt zu einer neuen Erziehungspolitik muß die Erkenntnis sein, daß Bestrafung keine guten Ergebnisse erhoffen läßt. Sie muß ersetzt werden durch die Anwendung von logischen oder natürlichen Folgen, wobei das Kind durch die Notwendigkeiten der Wirklichkeit, nicht durch die Macht der Erwachsenen beeindruckt wird.

Anreiz statt Druck

Die herkömmliche autokratische Methode, Kinder durch Druck von außen zu etwas zu bewegen, muß durch Anreiz von innen ersetzt werden. Eltern und Lehrer müssen sich mit neuen Wegen vertraut machen, neu nur in dem Sinn, daß sie weithin unbekannt sind, obwohl Pädagogen schon seit Jahrzehnten ähnliche Methoden angewandt haben. Das Grundprinzip ist, miteinander als Gleiche umzugehen, eine Beziehung herzustellen, die auf gegenseitiger Achtung beruht. Unsere Kinder wollen als uns Gleiche anerkannt werden, nicht an Größe, Geschicklichkeit und Erfahrung, sondern in ihrem Recht und ihrer Fähigkeit, selbst zu entscheiden, statt einer höheren Macht nachzugeben. Die meisten Fehler beim Umgang mit Kindern rühren vom Mangel an gegenseitiger Achtung her, die notwendig ist im Umgang mit Gleichen.

Interessen- und Wunschkonflikte bestehen immer, wo Menschen zusammenleben. In der Vergangenheit wurden solche Konflikte durch die stärkere Persönlichkeit gelöst, die schwächere durfte sich nur beugen. Heute sind solche einfachen Konfliktlösungen nicht mehr wirksam. Der Verlierer bestreitet sofort und oft erfolgreich die ihm auferlegte Entscheidung. Wenn Eltern einen Konflikt mit dem Kind haben, verfahren sie gewöhnlich so, daß sie streiten oder nachgeben. Wenn sie streiten, verletzen sie die Achtung vor dem Kind; wenn sie nachgeben, verletzten sie die Achtung vor sich selbst. Aber die meisten von uns wissen nicht, was sie sonst tun sollen.

Das ist das Hauptproblem der entstehenden neuen Tradition im Umgang mit Kindern: wie man nicht streitet, ohne nachzugeben. Es ist möglich, wenn man sich mit den vielen Arten vertraut macht, durch die Kinder angeregt werden können, den Notwendigkeiten der Lage zu begegnen, und wenn man willens ist, Konflikte durch Übereinstimmung zu lösen. Die beste Formel ist, Kinder mit Güte und mit Festigkeit zu behandeln. Güte drückt Achtung vor dem Kind aus, Festigkeit weckt Achtung beim Kind.

Techniken gegen Haltungen

Immer mehr Eltern fordern Hilfe bei der Kindererziehung. Sie wollen wissen, was sie tun sollen. Es ist ihnen ernst mit ihrer Frage, aber sie erhalten selten eine Antwort. Viele Befragte wissen nicht, was sie raten sollen, oder halten Ratschläge für ungehörig. Sie behaupten, daß alle Eltern, die reif und seelisch gesund sind und die rechte Einstellung gegenüber Kindern haben, keinen Rat brauchen; andere seien unfähig, aus Rat Nutzen zu ziehen. Folglich finden wir die Literatur angefüllt mit Verallgemeinerungen, die oft irreführend sind oder ohne jeden praktischen Wert. Wenn man einer Mutter sagt, daß Schwierigkeiten mit ihrem Kind die Folge eines Mangels an Liebe sei, so ist das in den meisten Fällen eine unverantwortliche Beleidigung und nicht einmal richtig. Die Mutter kann sehr wohl ihr Kind lieben, aber wenn sie nicht weiß, was sie mit ihm machen soll, und sich ständig besiegt fühlt, kann sie so fassungslos sein, daß sie ihre Liebe nicht zeigen kann. Was noch schlimmer ist, der Wunsch, Liebe zu zeigen, verführt viele Mütter, ihr Kind zu verwöhnen. Alle Verallgemeinerungen, wie der Rat, mehr Geduld zu haben, mehr Liebe und Sicherheit zu geben, sind gewöhnlich bedeutungslos, weil die Eltern nicht wissen, wie sie noch geduldiger sein und noch mehr Liebe geben können.

Die richtige Haltung von Vater oder Mutter ist nicht *Voraussetzung*, sondern eher *Folge* ihrer Wirksamkeit. Wenn die Mutter entdeckt, wie sie das Kind beeinflussen und seine Mitarbeit gewinnen kann, ändert sich ihre Haltung. Dann geschieht es nicht selten, daß sie sich an dem Kind freut, vor dem sie Angst hatte.

Wenige Eltern sind heute darauf vorbereitet, ihre Kinder als Gleiche zu behandeln. Sie brauchen Unterweisung über die Wege, die in einer demokratischen Umgebung wirksam sind. *Jede* Mutter und *jeder* Vater kann lernen, was zu tun ist, wenn sie es nur ernsthaft genug wollen, gleichgültig, wie verstört sie sein mögen. Unsere Empfehlungen sind so bestimmt, daß jeder, der den Wunsch hat, sie auszuprobieren, sich das nötige Geschick erwerben und die Techniken anzuwenden lernen kann. In dieser Hinsicht unterscheidet sich unsere Methode von vielen heute üblichen Formen der Ratschläge.

Die Grundsätze für die Ausübung eines günstigen und bessernden Einflusses auf das Kind sind für Eltern und Lehrer gleich. Und doch haben beide unterschiedliche Gelegenheiten. Wir begegnen ständig der Frage, wem eigentlich die Verpflichtung zufällt, die Mängel und Anpassungsschwierigkeiten des Kindes zu bessern. Es ist kennzeichnend für unsere Zeit, daß jede Gruppe der andern die Fehler der Kinder vorwirft und von der jeweils andern fordert, sie zu beseitigen. Diese typische Situation findet sich auch zwischen Vater und Mutter. Je weniger Mutter weiß, was sie mit dem Kind anfangen soll, desto besser weiß sie, was Vater tun sollte, und umgekehrt. Man schiebt den Schwarzen Peter weiter und gesteht damit stillschweigend ein, daß man selbst unfähig ist, Antwort auf die Probleme des Kindes zu finden. In Wirklichkeit kann jeder, der das Kind versteht und seine Mitarbeit gewinnen kann, ihm helfen, sich zu bessern und anzupassen, ob das nun ein Elternteil, ein Lehrer, ein Verwandter, ein Freund der Familie, ein Geistlicher, ein Jugendführer ist. Eltern haben es gewiß in der Hand, das Verhalten eines Kindes zu ändern, besonders wenn es jung ist. Sie können viele Methoden anwenden, die die Umstände eines Klassenzimmers nicht erlauben. Anderseits hat der Lehrer den großen Vorteil, mit der Gruppe zu arbeiten, und die Gruppe übt stärkeren Einfluß auf Kinder aus als irgendein Erwachsener. Je mehr die Autorität der Erwachsenen schwindet, desto stärker wird der Einfluß der Gruppe von Gleichrangigen, besonders, wenn das Kind zum Jugendlichen heranwächst. Man hat noch nicht genügend erkannt, welche Möglichkeiten der Lehrer hat, viele der schlechten Einflüsse von Elternhaus und Umgebung zu korrigieren, weil er die Klassengruppe als Mittel gebrauchen kann, dem Kind zu helfen, daß es seine eigenen Bedürfnisse und Probleme und ihre Bewältigung versteht.

38

4. Die psychologischen Methoden beim Umgang mit Kindern

Bei den Techniken für den Umgang mit Kindern muß man unterscheiden zwischen solchen, die ein Verständnis für die Motivationen des Kindes und die gesellschaftliche Herkunft verlangen, und solchen allgemeineren Methoden, die immer angewandt werden können, wenn eine Lage es anzeigt. Techniken, wie Nichteinmischung und logische Folgen z. B., müssen gewöhnlich genauer analysiert und durchdacht werden als die Methode, nicht mit den Kindern zu sprechen und Vergleiche zu vermeiden. Daher werden sie eingehender behandelt. Außerdem beschreiben wir unsere Auffassung von den logischen Folgen wegen ihrer Schwierigkeit getrennt in Kapitel 6.

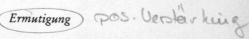

Ermutigung   pos. Verstärkung

Geschick bei der Ermutigung von Kindern ist eine Vorbedingung für wirksame Korrektur. In vielen Fällen hängen die Folgen von elterlichen Handlungen weitgehend von der Fähigkeit ab, zu ermutigen oder zu entmutigen. Wenn die Handlungen von Mutter oder Vater dazu beitragen, das Kind zu entmutigen, dann haben sie Schaden angerichtet, so gerechtfertigt und verständlich sie auch sein mögen. Geschick beim Ermutigen erfordert entweder eine ungewöhnliche Art von Person, die einen ermutigenden Einfluß auf jeden, mit dem sie in Berührung kommt, ausübt, oder das Lernen dieses schwierigen und verwickelten Verfahrens.

Zur Ermutigung gehört wesentlich die Fähigkeit, das Kind als der Mühe wert anzunehmen ohne Rücksicht auf seine Mängel und ihm zu helfen, seine Fähigkeiten und Möglichkeiten zu entwickeln. Leider verstehen, obwohl der Grundsatz der Ermutigung weithin anerkannt wird, nur wenige die Natur des Verfahrens gründlich und entmutigen häufig, ohne es zu wollen. Wer ermutigen will, muß vor allem folgendes tun: 1. Wert legen auf das Kind, wie es ist; 2. Vertrauen in das Kind setzen und es befähigen, Vertrauen in sich selbst zu haben; 3. aufrichtig an die Fähigkeit des Kindes glauben und sein Vertrauen gewinnen beim Aufbau seiner Selbstachtung; 4. eine Arbeit als „gut gemacht" anerkennen und ebenso die Anstrengung; 5. die Familiengruppe benutzen, um die Entwicklung des Kindes zu erleichtern und zu verstärken; 6. die Gruppe integrieren, so daß jedes Kind seinen Platz darin gesichert findet; 7. bei der Entwicklung von Geschicklichkeiten fortlaufend helfen, um Erfolg zu sichern; 8. Stärken und Vorzüge erkennen und stärken; 9. das Interesse des Kindes benutzen, um zu konstruktiver Tätigkeit anzuspornen[1]. Ermutigung ist ein psychologisches Verfahren, d. h., man wendet psychologische Grundsätze auf den Umgang mit dem Kind an. Es ist schwer zu glauben, wie oft das Elternverhalten kleine Kinder entmutigt. Hier ein Beispiel:

Mutter hatte es eilig zum Markt zu kommen, und Paul, 4 Jahre alt, versuchte, seinen letzten Schuh zuzumachen. Ungeduldig stand sie über ihm. „Beeil dich doch, Paul, wir müssen zum Markt." „Aber Mutti, ich kann doch nicht", jammerte Paul. „Du mußt es aber versuchen. Beeil dich, wir müssen gehen." Schließlich beugte sie sich zu ihm hinunter und band ihm den Schuh zu.

Paul fühlt sich unzulänglich und entmutigt im Wettstreit mit Mutters wundervollen Fähigkeiten. Aber er lernt auch, daß er nur lange genug herumfummeln muß, und Mutter wird es für ihn tun. Eltern wollen oft, daß die Kinder im Haushalt helfen, aber nur da, wo es sie unterstützt, und nicht so, daß es den Kindern hilft, Gefühle von Tüchtigkeit zu entwickeln.

Carola, 3 Jahre alt, war ganz wild darauf, Mutter bei der Hausarbeit zu helfen. Besonders gern benutzte sie den Spray zum Fensterputzen. Das war schön, abgesehen davon, daß Mutter gewöhnlich hinter ihr her sauber machen mußte und sie ausschimpfte, weil sie es nicht gut gemacht hatte. Sie versuchte auch, den Spray zum Reinigen der Wände zu benutzen, aber Mutter gab ihr einen Klaps auf die Finger und nahm ihr den Spray weg.

---

[1] Don Dinkmeyer und Rudolf Dreikurs, Ermutigung als Lernhilfe, Stuttgart ²1970.

Es mag einigen Eltern hart klingen, daß das Vorurteil der Erwachsenen hinsichtlich der Fähigkeit der Kinder sich wenig vom Rassenvorurteil unterscheidet. Der Kern ist, daß wir nicht willens sind, den Fähigkeiten der Kinder zu trauen, weil wir zu beschäftigt sind oder uns zu sehr darum kümmern, daß das Haus tipptopp ist oder daß wertvolles Geschirr heil bleibt. Wir vereiteln die Versuche des Kindes, selbständig handeln zu lernen. Um das Kind zu ermutigen, müssen wir ihm erlauben, Risiken einzugehen. Es ist besser, beschädigte Möbel zu haben als ein geschädigtes Kind. Manchmal bedeutet es sehr viel Mut für Vater oder Mutter, dem Kind Gelegenheit zu einer neuen Erfahrung zu geben.

Der siebenjährige Peter bekam eben sein Taschengeld und wollte ein Modellflugzeug kaufen, das er in einem Spielzeugladen in der Nähe gesehen hatte. „Ich kann jetzt nicht mit dir in diesen Laden gehen, Peter", sagte Mutter, „wir gehen morgen." „Ich kann mit meinem Fahrrad doch allein dorthin, Mutti!" schlug Peter vor. „Du warst mit deinem Rad noch nie so weit, Peter, und du weißt, wie stark der Verkehr dort ist", antwortete die Mutter. „Ich pass' schon auf mich auf, Mutti, viele Kinder fahren mit ihren Rädern dorthin." Die Mutter überlegte es sich eine Minute. Sie dachte an die Reihe von Fahrrädern, an der sie schon oft beim Einkaufen vorbeigegangen war, aber auch an die Gefahr des Verkehrs. Dann überlegte sie sich, daß Peter jeden Tag mit seinem Fahrrad zur Schule fahre und dies ganz gut fertigbringe. „Also gut, hole dir dein Modellflugzeug." Peter sprang froh aus dem Haus. Die Mutter beruhigte ihre etwas ängstlichen Gefühle. Er ist so klein, dachte sie. Nach beinahe einer Stunde stürzte Peter mit einem Päckchen unter seinem Arm ins Haus. „Schau, Mutti, ich habe es." „Ich freue mich sehr, Peter", strahlte die Mutter, „jetzt kannst du schon selbst deine Einkäufe machen. Ist das nicht großartig?"[2]

Das Beispiel zeigt, daß Peters Mutter das Risiko auf sich zu nehmen bereit war und genügend Vertrauen in die Fähigkeiten ihres Sohnes setzte, ihn fahren zu lassen. Peter seinerseits reagierte positiv auf das Vertrauen.

---

[2] Rudolf Dreikurs und Vicki Soltz, Kinder fordern uns heraus, Stuttgart 1972, S. 59f.

Eltern sollten die Erfolge der Kinder, wann immer möglich, loben, aber das Lob muß sich auf die Handlung, nicht auf das Kind richten. Es ist falsch, zu sagen: „Peter, du warst ein guter Junge, daß du das gemacht hast", weil das ein moralisches Urteil ist. Das Kind ist weder gut noch schlecht, aber seine Handlungen sind es. Aber wir sollten es auch vermeiden, zu sagen, daß Handlungen gut oder schlecht sind; es ist besser zu sagen: „Ich freu' mich darüber, was du gemacht hast, Peter", oder „Das ist fein", oder „Das war gute Arbeit", oder „Diesmal hast du's viel besser gemacht als das letzte Mal."

Die Aufgabe ist wichtiger als das Ergebnis

Wichtig ist ferner, daß Lob die Aufgabe selbst stärker betont als das Ergebnis, besonders, wenn das Kind jung ist und erst zu lernen beginnt. Die Vollendung einer Arbeit ist nicht unbedingt der einzige Prüfstein für Lob. Wenn man hier des Guten zu viel tut, kann das Kind auf den Gedanken kommen, daß es nur gelobt wird (d. h. nur etwas wert ist), wenn es die Arbeit vollendet hat und dabei den erwachsenen Maßstäben gerecht wird. Das Lob kann zur Belohnung werden, was in gewissem Sinn umgekehrte Bestechung ist: das Kind wird die Aufgabe nur tun, wenn es am Ende die Belohnung bekommt. Lob während der Ausführung der Arbeit wird ihm zu der Einsicht verhelfen, daß die Arbeit in sich der Mühe wert ist. Vollendung der Aufgabe ist wichtig, wenn aber ein Kind lernen kann, daß Wert und Freude in der Ausführung der Arbeit selbst liegen, wird es mehr angespornt, sie besser zu machen und sich zu entwickeln.

Ein Kind braucht Ermutigung wie eine Pflanze Wasser und Sonnenschein. Eltern, die mehr über die Methoden und die Anwendung von Ermutigung lesen wollen, wird die Lektüre der beiden früher genannten Quellen angeraten[3].

Lohn und Strafe meiden

Es gibt eine besondere Verknüpfung von Ermutigung und der Anwendung der logischen Folgen, der Methode, mit der wir uns

---

[3] Dinkmeyer und R. Dreikurs, a. a. O.; R. Dreikurs und V. Soltz, a. a. O.

besonders in Kapitel 6 befassen werden. Es gibt viele, die meinen, es handle sich bei beiden um nichts andres als den alten Grundsatz von Lohn und Strafe. Und in der Tat könnten ungeübte Eltern Ermutigung und logische Folgen wie Belohnung und Bestrafung verwenden, aber sie werden aus beiden keinen Nutzen ziehen. Es gibt einen grundlegenden Unterschied zwischen Belohnung und Ermutigung, obwohl beiden freundliche Haltung zugrunde liegt und sie daher gleichartig scheinen. Der Unterschied liegt in Zeitpunkt und Wirkung. Belohnung erhält das Kind gewöhnlich für etwas, das es gut gemacht hat, für etwas Erreichtes, wie klein es auch sei. Ermutigung erhält das Kind, wenn es versagt. Viele meinen, Ermutigung bestehe darin, daß man dem Kind einen Erfolg sichert und es dann belohnt. Wenige haben erkannt, daß Erfolg höchst entmutigend sein kann. Zunächst kann das Kind zu dem Schluß kommen, daß es zwar einmal Erfolg gehabt hat, ihn aber nicht wiederholen kann; sein jetziger Erfolg wird dann zur Furcht vor seiner künftigen Fähigkeit, erfolgreich zu sein. Schlimmer noch vermittelt so etwas dem Kind die Meinung, die übrigens von den meisten Erwachsenen geteilt wird, daß es nur dann Wert hat, wenn es erfolgreich ist. Diese Haltung ist so weit verbreitet, daß ihre grundlegend entmutigende Wirkung kaum bemerkt wird.

Ähnlich neigen ungeübte Erzieher – Eltern wie Lehrer – dazu, „Folgen" in der Form strafender Vergeltung zu gebrauchen. Unter diesen Umständen wird die bestmögliche Folge in unwirksame Bestrafung verkehrt. Der Ton der Stimme allein unterscheidet oft das eine vom andern. Der Erwachsene mit seiner verminderten Empfindsamkeit mag den Unterschied nicht merken, aber das Kind hört und antwortet entsprechend.

Nichteinmischung

In einer Konfliktsituation muß sich der Erwachsene aus dem Konflikt heraushalten, weil er sonst die streitbare Gegenhandlung verstärkt. Man muß sich vor der Aufreizung durch das Kind zurückziehen, aber nicht vom Kind. Das Kind braucht Aufmerksamkeit und Anerkennung, aber nicht, wenn es sie durch Mißverhalten und bewußten Trotz gewinnen will. Predigten, Erklärungen und Ratschläge sind im allgemeinen nutzlos, da das Kind wahrscheinlich weiß, daß es unrecht tut. Durch Nichteinmischung kann man es von der Nutzlosigkeit seines störenden Verhaltens überzeugen. Um aber das äußerst mächtige Mittel der Nichteinmischung anwenden zu können, muß man zunächst das Ziel des Kindes erkennen, den Zweck seines Vergehens, ob es wünscht, Aufmerksamkeit zu erlangen, seine Macht zu zeigen, zu verletzen und zu vergelten oder seine Schwäche zu zeigen, um in Ruhe gelassen zu werden. Ein Wutanfall wird unwirksam, wenn keiner zuschaut. Streitigkeiten zwischen Kindern (gewöhnlich für die Eltern inszeniert) werden schnell geschlichtet, wenn die Kinder sich selbst überlassen bleiben.

5. Die gesellschaftlichen Methoden

Es gibt mehrere wichtige Gebote und Verbote, die die Eltern praktisch auswendig lernen können, um beim Umgang mit Kindern mehr Wirkung zu erzielen. Wenn man sie einmal gelernt hat, kann man die Methode der logischen Folgen leichter zu einem erfolgreichen Ende führen.

Lerne, wann du nicht sprechen sollst

Eine Mutter muß meist lernen, still zu sein. Reden ist äußerst unwirksam; es macht das Kind gewöhnlich „muttertaub". Man kann einem Kind nicht einreden, Verantwortung zu übernehmen, man muß sie ihm geben.

Drohe deinem Kind nicht

Es ist wenig wirksam, Kindern mit Strafen zu drohen, wenn sie sich nicht benehmen wollen. Drohungen mindern in den Augen des Kindes die Achtung vor den Eltern. Es fehlt ihnen nämlich nicht nur an Festigkeit und positiver Handlung in Fällen der Disziplin, sie enthüllen den Kindern auch noch ihre Strategie. Kein Stratege kann hoffen, am Ende zu gewinnen, wenn er dem Gegner seinen Plan enthüllt. Vater oder Mutter sollten dem Kind einmal fest und freundlich sagen, was sie wollen. Wenn keine Antwort erfolgt, dann rede nicht mehr, handle!

Vermeide Wettstreit zwischen den Kindern

Wenn man den Wettstreit zwischen Geschwistern dadurch vermehrt, daß man jedes von ihnen „nach Verdienst" behandelt,

45

verstärkt man nur ihre Neigung, brav oder unartig zu sein. Das gute Kind wird gut sein, weil es noch besser werden will, das böse Kind findet seine Methode lohnend, weil sie ihm Stellung und Macht einbringt. Nur wenn man die Kinder als Gruppe behandelt und sie die Verantwortung tragen läßt für alles, was eines von ihnen Unrechtes tut, kann man sie erkennen lassen, daß jedes von ihnen *wirklich* seines Bruder Hüter *ist*.

Bemitleide das Kind nicht

Wenn ein Kind ungünstigen Erfahrungen ausgesetzt wird, ist es nur natürlich, daß es sich selbst leid tut. Beobachtung hat jedoch gelehrt, daß Mitleid und Mitgefühl wohlmeinender Freunde und Verwandter häufig schaden. Ein noch so gerechtfertigtes Mitleid mit dem Kind führt es nur zum Selbstmitleid, und niemand ist so elend dran wie jemand, der sich selbst leid tut. Außerdem erhält das Kind den Eindruck, daß das Leben ihm etwas schuldet und daß es das Recht hat, immer mehr zu fordern. Solch eine Haltung untergräbt seine Fähigkeit, sich zu beteiligen und mitzuarbeiten.

Vermeide übertriebene Fürsorge

Übertriebene Fürsorge hat die gleiche entmutigende Wirkung wie Demütigung; sie beraubt das Kind der Erfahrung seiner eignen Stärke.

Übertreibe die Ängste deines Kindes nicht

Viele Eltern wollen nicht glauben, daß die Ängste eines Kindes ein Mittel sind, besondere Aufmerksamkeit und Dienste zu erlangen. Ängste drücken nicht immer eine Unsicherheit des Kindes aus; tatsächlich werden sie verschwinden, wenn die Eltern Verständnis, aber keine besondere Sorge bekunden. Ebenso hat es das sogenannte abhängige Kind gewöhnlich gar nicht nötig, unselbständig zu sein. Ein unselbständiges Kind ist ein Tyrann, der wirkliche oder angebliche Schwächen ausnutzt, um andere in seinen Dienst zu stellen. Es wird in kurzer Zeit selbständig und selbstbewußt werden, wenn die Eltern, vor allem die Mutter, aufhören, ihm Dienst und Hilfe zu leihen.

Wähle ein Erziehungsfeld aus

Eltern machen allgemein den Fehler, alle Probleme auf einmal lösen zu wollen. Folglich befinden sie sich ständig im Kriegszustand mit ihren Kindern. Sie überwachen sie, fordern, nörgeln, flehen, schmeicheln; und je mehr sie versuchen, desto schlimmer wird der Kampf. Der vernünftigste Ausweg aus diesem Dilemma ist, ein Feld des Verhaltens auszuwählen und es zu bearbeiten, bis sich ein Erfolg einstellt. Am interessantesten an dieser Technik ist, daß sich im Verlauf des Verfahrens die andern Konfliktfelder von selbst zu erledigen scheinen. Es ist jedoch wichtig, *nicht* das Feld der Hauptsorge zu wählen. Wenn sich die Mutter am meisten darüber aufregt, daß das Kind sein Zimmer nicht in Ordnung hält, dann ist es klug, sich etwa auf den vernünftigen Gebrauch des Fernsehens oder auf die Hausaufgaben zu konzentrieren. Gewöhnlich läßt sich die Mutter am ehesten da „verrückt" machen, wo sie sich selbst unsicher fühlt; daher ist sie dort am wenigsten fähig, fest zu bleiben und so zu handeln, wie sie es sich vorgenommen hat. Arbeit auf einem weniger kritischen Feld bringt wahrscheinlich mehr Erfolg.

Wenn Vater oder Mutter die Lösung eines lang andauernden Problems durch Anwendung einer andern Technik als vorher erreicht haben, kann das Kind plötzlich und wie durch ein Wunder sein anderes Fehlverhalten aufgaben. Wieder hängt das mit dem Gedanken der Erwartung zusammen. Wenn die Mutter nicht mehr mit dem Kind zankt, nörgelt oder schimpft, weil es sein Zimmer nicht aufräumt, wird es entdecken, daß es nichts Sauberes anzuziehen hat, und wird sich entscheiden, sein Zimmer sauber zu halten. Wenn das geschieht, hat sich ein entscheidender Wandel vollzogen. Ein Bruch im Erwartungsmuster ist erreicht worden, und das Kind muß neue Wege suchen, Anerkennung zu erringen. Wenn es gleichzeitig zu positivem Verhalten ermutigt worden ist, kann es zu dem Schluß kommen, daß positives Verhalten besser ist, und viele negative Verhaltensformen werden verschwinden. Das ist natürlich eine grobe Vereinfachung, und es gibt keinen Weg, wie Vater oder Mutter voraussehen können, wann ein solcher Wandel eintritt. Aber das Beispiel dient der Erklärung des Grundprinzips für diese und für andere empfohlene Techniken.

Strafe körperlich nicht mehr als nötig

Wie oft ist es notwendig, Kinder körperlich zu strafen? Die Antwort lautet: *Nie*. Warum aber verfallen Eltern so häufig auf diese „bewährte" Methode, wenn „nichts andres mehr hilft"? Der Grund dafür mag darin liegen, daß das Kind für den Augenblick klein beigibt oder wenigstens aufhört, sich schlecht zu benehmen. Aber meistens verstärkt körperliche Strafe seine Entschlossenheit, schließlich doch zu gewinnen; wenn die Eltern sich erleichtert fühlen, weil sie ihren Ärger und ihre Ratlosigkeit losgeworden sind, fühlt das Kind nur Ärger, Demütigung und Rache. In früheren Zeiten, als der Vater noch als Haupt der Familie anerkannt war, wurde Bestrafung erwartet oder hingenommen. Die Kinder von heute sind der Ansicht, daß sie sich mit körperlicher Strafe nicht ohne Vergeltung abzufinden brauchen.

In Familien, in denen der Vater seine Autorität immer noch durch körperliche Strafe aufrechtzuerhalten vermag, mißachten die Kinder seine Herrschaft nicht offen. Aber sie werden oft solche Strafe herausfordern, um anerkannt zu werden, und werden dann ihrerseits heimtückisch antworten durch Stehlen, Lügen und Schikanieren von Kindern, die kleiner und schwächer sind als sie. Diese Kinder wachsen gewöhnlich mit der Vorstellung auf, daß Gewalt der einzige vernünftige Weg ist, Probleme zu lösen. Je mehr das autoritäre System zerfällt, desto zwingender ist es für *alle* Eltern und Lehrer, ihre Anstrengungen zu verdoppeln, um die Kinder zu lehren, daß Autorität von innen kommt und daß in einer Demokratie Selbstdisziplin die einzige wirksame Form von Disziplin ist.

Es scheint Beweise für die Auffassung zu geben, daß ein gelegentlicher Klaps nicht weiter schadet, wenn nur das Verhältnis zwischen Kind und Eltern zufriedenstellend ist. Aber die Frage ist: Bewirkt ein solcher Klaps wirklich etwas Gutes? Die Antwort ist schwierig, aber man muß betonen, daß es immer eine bessere Art gibt, mit Kindern umzugehen, als körperliche Strafe.

Benutze den Familienrat

Eine wichtige Einrichtung in einer demokratischen Familie sollte der Familienrat sein. Den meisten Eltern fällt es schwer, sich mit ihren Kindern als gleichberechtigte Partner zusammenzusetzen, um Familienprobleme zu besprechen und zu einer Lösung zu kommen. Aber sofern nicht regelmäßige Sitzungen des Familienrats abgehalten werden, wird die Familie selten gut funktionieren, weil ihre Mitglieder geneigt sind, nur an ihre eigenen Wünsche, Bedürfnisse und Absichten zu denken.

Es ist schwer für eine Mutter, für eine harmonische, gut funktionierende Familie verantwortlich zu sein, und doch stellt man sich unter einer „guten" Mutter vor, daß sie allein verantwortlich ist. Wenn sie diese lenkende Stellung irgendwie aufgibt, gilt sie häufig als Versager. Das Bild der liebenden, gebenden, verantwortlichen Mutter wird von Berufserziehern wie von Laien aufrechterhalten. Ohne dieses überwältigende Gefühl der Verantwortung jedoch und der unvermeidlichen Angst, ihre Pflicht zu vernachlässigen, könnte sie ihre Rolle im Leben und könnten die Kinder mehr Selbständigkeit und Verantwortlichkeit genießen.

Der Familienrat sollte *nicht* hauptsächlich der Verteilung von häuslichen Pflichten dienen; er ist ein Forum, wo jedes Familienmitglied die Gelegenheit hat, seine Meinung über alle Angelegenheiten des Haushalts und über alles, was sein Verhältnis zu den andern Familienmitgliedern angeht, zu äußern. Die Gespräche müssen frei und offen geführt werden; jedes Mitglied der Familie muß die Freiheit besitzen, seine Meinung und seine Stimme abzugeben. Die Sitzungen sollten in regelmäßigen Abständen stattfinden, und der Vorsitz sollte wechseln, so daß die Kinder nicht das Gefühl haben können, daß die Sitzungen immer von den Eltern kontrolliert werden.

Eltern, die sich zum erstenmal der Aussicht auf eine solche Sitzung gegenübersehen, haben Sorgen wegen der möglichen Folgen, besonders, wenn sie mehr als zwei Kinder haben, und zwar vor allem wegen der möglichen falschen Entscheidungen ihrer Kinder. Diese Sorgen sind grundlos, obwohl es zu Beginn unvermeidlich eine Probezeit gibt, in der die Kinder mit ihrer neugewonnenen Macht experimentieren. Eltern, die sich nicht so schnell fürchten, werden falsche Empfehlungen der Kinder willkommen heißen, und diese werden von ihren eigenen fehlerhaften Entscheidungen beeindruckt sein und sich wahrscheinlich auf das bessere Urteil, dessen sie fähig sind, besinnen. Der Familienrat ist eins der wiksamsten Mittel, die Kinder zu lehren, wie in den Familien aufkommende Probleme angemessen zu bewerten sind.

Es scheint fast ein Gesetz zu sein, daß nur Kinder das Recht haben, schlau zu sein. Unsere Absicht ist, den Eltern zu helfen, es ihren Kindern gleichzutun, und der Familienrat ist eine der besten Gelegenheiten. Das folgende Beispiel befaßt sich mit einer Mutter von drei Backfischen, die sie erfolgreich überrundete, indem sie sie im Familienrat als gleichberechtigt behandelte.

Bei einer frühen Familienratssitzung verkündeten die drei Mädchen, daß sie, da sie jetzt die Mehrheit besäßen, ihre eignen Regeln für abendliche Verabredungen aufstellen würden. Sie wollten ausgehen, sooft es ihnen beliebte, und sollten nicht verpflichtet werden, anzurufen und ihrer Mutter zu sagen, wo sie wären und wann sie nach Haus kämen. Die Mutter machte Einwände, verzichtete jedoch klugerweise auf Eigenmächtigkeit, stellte aber ausdrücklich fest, daß sie gegen den Vorschlag stimmte. Mehrere Tage später besuchte sie eine Freundin und teilte es nur ihrem Mann mit. Sie blieb dort die ganze Nacht, rief nicht an und kam erst am andern Morgen gegen zehn Uhr zurück. Die Mädchen verlangten ganz aufgeregt zu erfahren, wo sie gewesen und warum sie ihnen nicht gesagt hatte, wohin sie ging. Sie antwortete sehr ruhig: „Beim letzten Familienrat wurde beschlossen, auszugehen, wann es uns beliebt, und keinen zu benachrichtigen, wann und wohin wir gingen. Letzten Endes gilt diese Regel für mich genausogut wie für euch." Beim nächsten Familienrat waren die Mädchen durchaus bereit, vernünftigere Verhaltensregeln bei Verabredungen aufzustellen.

Der Familienrat kann dazu benutzt werden, häusliche Arbeiten zuzuweisen, vor allem solche, die die Kinder nicht selber sehen. Der Vater hat für den Lebensunterhalt der Familie zu sorgen; die Mutter kocht und wäscht; die Kinder reinigen ihre Zimmer und sorgen für ihre Sachen. Andere häusliche Pflichten sollten bei Familiensitzungen besprochen werden, und die Kinder können gefragt werden, welche sie auf sich nehmen wollen. Wenn ein Klima des Gebens und Nehmens herrscht, wird sich jemand selbst für die unangenehmsten Arbeiten finden. Die Erfahrung lehrt, daß die Ausführung von Arbeiten eher durch

Übereinkunft als durch willkürliche Zuteilung durch die Eltern erreicht wird. Bei späteren Sitzungen kann die Ausführung besprochen und können die Arbeiten neu zugeteilt werden, falls die Kinder es wünschen.

Es ist für die Kinder wichtig zu erkennen, daß die Verantwortlichkeiten des Haushalts nicht nur den Eltern zufallen. Wenn das Kind seiner Verantwortung nicht gerecht wird, sollten es die Eltern auch nicht. Wenn die Kinder das Geschirr nicht spülen, kocht die Mutter ihnen das nächste Mal kein Essen. Wenn sie ihre Kleider nicht weghängen wollen, werden sie nicht gewaschen und gebügelt. Wenn diese Methode befolgt wird, erkennen die Kinder bald, daß ein wohlgeordneter Haushalt die Zusammenarbeit aller erfordert; außerdem bessert sich ihr eigenes Wohlbefinden sowohl durch das, was sie beitragen, wie durch das, was sie empfangen.

6. Die Anwendung logischer Folgen

Ermutigung und logische Folgen sind zwei der wichtigsten Techniken, die Eltern zur Verbesserung der Beziehungen zu ihren Kindern anwenden können. Wichtiger noch: sie ersetzen die überholten Traditionen von Lohn und Strafe, die sich als immer wirkungsloser erweisen und die aus einer Zeit stammen, in der man noch klar umrissene Wertvorstellungen hatte. Heute, wo die Unterscheidungen zwischen Gut und Böse zunehmend schwieriger zu bestimmen sind, kann der einzelne seine Entscheidungen nicht mehr nur in einem anerkannten Rahmen von Regeln und Vorschriften treffen, er muß sich stärker nach eigenen Erfahrungen ausrichten. Die Eltern müssen also zu neuen Methoden greifen, mit deren Hilfe ihre Kinder lernen, solche Erfahrungen zu erwerben.

Die Idee der logischen Folgen hat Herbert Spencer zwar schon vor mehr als hundert Jahren entwickelt, aber ihr Wert wurde damals nicht erkannt. Der Grundsatz besagt, kurz gefaßt, daß kein Mensch *willentlich etwas tun wird, von dem er glaubt, daß es ihm schadet.* Wir tun so viele Dinge, die uns letztlich schaden, weil wir in einem gegebenen Augenblick fälschlich glauben, daß ein bestimmter Handlungsverlauf der beste oder wenigstens der sicherste ist. Ein Beispiel für dieses Sicherheitsprinzip ist das Verhalten kleiner Kinder. Wenn sich ein Kind den Kopf an einem Tisch stößt oder seine Hand an einen heißen Heizkörper hält, ist seine unmittelbare Antwort darauf, daß es das nächste Mal eine solche Gefahr meidet. Diese Antwort braucht nicht weiter geformt und verstärkt zu werden, wie Verhaltenspsychologen es unermüdlich für wesentlich halten.

Die Voraussetzung für die logischen Folgen ist die gleiche wie für das Sicherheitsprinzip. Das Kind erfährt das unangenehme Ergebnis seiner eigenen Handlungen, aber dieses Ergebnis wird mehr oder weniger von den Eltern herbeigeführt. Es gibt einen

53

weiteren wichtigen Unterschied: das von den Eltern herbeigeführte Ergebnis kann für das Kind unangenehm oder ärgerlich sein, aber nicht schädlich. Hier ein Beispiel.

Joseph, 2 Jahre alt, trat in eine Pfütze und bekam nasse Füße. Er ging ins Haus, um trockene Kleidung zu bekommen. Als er wieder hinausgehen wollte, war sein einziges Paar Schuhe noch nicht trocken, und deshalb konnte er nicht gehen. Seine Mutter sagte ihm in sachlichem Ton: „Tut mir leid, aber deine Schuhe sind noch naß."

Selbst ein Kind von 2 Jahren kann schon verstehen, daß es nicht draußen spielen kann, wenn es seine Schuhe naß gemacht hat, besonders bei feuchtem oder regnerischem Wetter. Außerdem begreift es das auch ohne die übliche Belehrung über die Gefahr einer Erkältung und die Mahnung, auf Pfützen aufzupassen, die typisch für die meisten Eltern ist. Es hätte wahrscheinlich eine Belehrung nicht verstanden, aber es *sieht* das Verhältnis zwischen Tat und Folgen. Auch ältere Kinder erkennen schnell die Verbindung zwischen ihrem eigenen Verhalten und dem Ergebnis, wenn es ihnen richtig vorgestellt wird.

Zwei Teenager beschlossen, das Geschirr ihrer Mutter zu überlassen. Sie ging fort, bis es Zeit für die nächste Mahlzeit war. Sie bereitete sie in einer unordentlichen Küche und verkündete, daß das Essen fertig sei. Die Mädchen fanden genug saubere Teller, um den Tisch zu decken. Nach dem Essen machten sie sich davon und hinterließen Wohnung und Geschirr in Unordnung. Die Mutter ging ebenfalls aus dem Haus und kam erst nach der Abendessenszeit zurück. Alle andern waren zu Hause inmitten der dicksten Unordnung ohne Mahlzeit und ohne Mutter. Die Mädchen zogen die Konsequenzen, indem sie das übelriechende Geschirr mit den eingetrockneten Speiseresten spülten, bevor das Essen bereitet wurde. Sie sagen jetzt: „Je eher wir das Geschirr spülen, desto besser." Diese Lehre ist schon mehrere Jahre alt, ihnen aber noch frisch im Gedächtnis.

Dieses Beispiel zeigt einen weiteren wichtigen Punkt in allen Beziehungen zu Kindern, besonders zu Herangewachsenen: Obwohl man sie nicht zu etwas zwingen kann, was sie nicht tun wollen, können sie einen ebensowenig zu etwas zwingen, was man nicht tun will. Als die Kinder ihren Teil der Abmachung nicht einhielten, indem sie das Geschirr nicht spülten, zeigte die Mutter durch ihre Abwesenheit, daß sie keine Mahlzeit bereiten würde, bis sauberes Geschirr da war, auf dem sie serviert werden konnte. Wenn Heranwachsende viele Dienste erwarten und verlangen, kann man ihnen klarmachen, daß Zusammenarbeit keine Einbahnstraße ist. Dienstleistungen können versagt werden, wenn sie nicht mitarbeiten; nicht auf der Grundlage eines „Wie du mir, so ich dir", sondern als logische und verständliche Folge ihres Verhaltens.

Der Grundsatz, der hinter dem Gedanken der logischen Folgen steckt, ist zwar, wie viele Eltern merken, wenn sie sie anzuwenden versuchen, täuschend einfach, nicht aber die Anwendung. Logische Folgen lassen sich besser verstehen, wenn man sie mit Bestrafung, wie sie heute häufig angewandt wird, vergleicht.

Unterschiede zwischen logischen oder natürlichen Folgen und Bestrafung

Bestrafung ist so alt wie die menschliche Geschichte. Sie stammt wahrscheinlich aus einer Zeit, als der Mensch zuerst anfing, Gemeinschaften zur Selbstverteidigung zu schaffen. Dadurch wurden Gesetze notwendig, um den einzelnen gegen andere zu schützen, die schaden konnten. Offensichtlich waren Strafen nötig, um die Gesetze durchzusetzen. Jedoch änderte sich die Begründung für Bestrafung mit der Entwicklung autoritärer Herrschaftssysteme. Statt Mittel zum Schutz des einzelnen gegen Gesetzesübertreter wurde sie eine Methode, mit der die Mächtigen ihren Untertanen ihre Forderungen aufzwingen konnten.

Und auch die Auffassungen von Recht und Unrecht wurden Mittel von Kontrollen. Die Herrschenden waren überlegen und daher im Recht; die Beherrschten waren unterlegen und im Unrecht, wenn sie mit den Herrschenden nicht übereinstimmten. Strafe war das Schicksal der Ungehorsamen. Diese Strafe war viel mehr Vergeltung und weniger Abschreckung für mögliche Übeltäter. Sie war so lange wirksam, wie die Gesellschaft die Macht der Autoritäten stützte; aber mit der Entwicklung der Demokratie und dem Niedergang der Unterscheidung zwischen „Überlegenen und Unterlegenen" schwand ihre Wirksamkeit.

Heute sehen die meisten Erwachsenen in der Strafe immer noch mehr ein Mittel der Vergeltung als der Besserung. Ein Kind jedoch, das geschlagen wird, sieht darin oft den Versuch der strafenden Autorität, ihren Willen mit roher Gewalt durchzusetzen. Weil das Kind solche Handlung ablehnt und sich weigert, die Autorität als geheiligt anzuerkennen, versucht es, Wege zu finden, sie zu besiegen. So wird jede bessernde Wirkung, die der Erwachsene beabsichtigt haben mag, verhindert. Begriffe wie Strafe und Sünde spielen in unserer Tradition und unserer Erziehung immer noch eine große Rolle, und daher glauben die meisten von uns, daß Kinder nicht ohne sie lernen können, sich in der Gesellschaft als Erwachsene durchzusetzen. Daher fahren wir also fort, die alten autokratischen Methoden anzuwenden, ohne zu erkennen, warum sie keinen Erfolg mehr haben.

Es ist interessant, daß in primitiven Kulturen bei der Aufzucht der Kinder die Methoden von Lohn und Strafe selten angewandt werden. Margaret Mead zeigt bei der Beschreibung des Stamms einer Südseeinsel, wie die Eltern so etwas wie eine Methode der logischen Folgen benutzen. Die Kinder werden nicht gescholten; man hilft ihnen, wenn sie in Schwierigkeiten geraten. Man lehrt kleine Kinder nicht, ihre Gefühle zu unterdrücken, aber zu erkennen, daß Gefühlsausbrüche nur ihnen selbst schaden. Die kleinen Mädchen tragen hübsche Grasröckchen, die bei heftigen Ausbrüchen verderben könnten. Man lehrt sie auch, kleine Säcke auf dem Kopf zu tragen, indem man ihnen als große Gunst „erlaubt", Besitztümer ihrer Eltern zu tragen; den Inhalt zu verstreuen wäre eine Schande. Und so scheinen die kleinen Mädchen ihre Gefühlsausbrüche zu beherrschen und nicht früher zu weinen als die Jungen.

In diesem Stamm gibt es keinen Unterschied in der gesellschaftlichen Stellung zwischen Kindern und Erwachsenen, der für „zivilisierte" Kulturen so kennzeichnend ist. Weder Alter noch Geschlecht sind überlegen. Daher werden die Begriffe Großvater, Onkel, Bruder und Sohn wechselnd benutzt. Dieselbe Person kann mit einem von ihnen bezeichnet werden, je nachdem, wie man sich ihr gegenüber gerade fühlt. Der Stamm bildet eine Gruppe mit fast völliger gesellschaftlicher Gleichheit. Dazu muß man allerdings anmerken, daß es in den meisten Gebieten der Südsee, wo es verhältnismäßig leicht ist, den Lebensunterhalt sicherzustellen, ohnehin keine extreme gesellschaftliche Ungleichheit gibt. Vielleicht ist das der Grund, warum viele von uns die Polynesier um ihre Einfachheit und den relativen Mangel an Angst und an den Sünden unserer „zivilisierten" Kulturen beneiden.

Im Verlauf der immer stärker werdenden Demokratisierung unserer Lebensweise müssen wir in jahrhundertealten Traditionen und Gewohnheiten umlernen, die in jeder Familienstruktur tief verwurzelt sind. Wir beginnen zu verstehen, warum Lohn und Strafe überholte Überreste einer autokratischen Vergangenheit sind, und warum wir neue Methoden brauchen, die unseren Kindern und uns Gleichheit sichern.

1. Logische Folgen drücken die Wirklichkeit des gesellschaftlichen Lebens, nicht der Person, aus; Strafe drückt Macht der persönlichen Autorität aus

Hans, 8 Jahre alt, wollte sich einfach nicht rechtzeitig anziehen, um in die Schule zu kommen. Oft konnte er sich nicht entschließen, was er anziehen sollte. Mutter schalt ihn, nörgelte und suchte oft schließlich selbst die Kleidung für ihn aus und fuhr ihn dann in die Schule, weil seine Freunde schon fort waren. Drohungen, Tränen, Nörgeln und Schläge halfen nicht. Schließlich sagte sie eines Tages, restlos erschöpft, zu Hans: „Ich bin es endgültig leid, mit dir herumzuzanken. Du mußt selbst wissen, was du tust. Aber ich fahr' dich nicht zur Schule." Jetzt war Hans an der Reihe mit einem Wutausbruch, mit Tränen und Vorwürfen. Es half alles nichts. Hans ging allein zur Schule und kam eine halbe Stunde zu spät. Am nächsten Tag war er rechtzeitig angezogen und wartete auf seine Freunde, die ihn abholten und zur Schule mitnahmen.

Was war das Hauptelement in der „gesellschaftlichen Ordnung", nachdem die Mutter Hans nicht mit dringenden Bitten und Drohungen hatte überzeugen können? Es war die *Zeit*. Die meisten von uns müssen zu einer bestimmten Zeit aufstehen, zur Schule oder zur Arbeit gehen und essen; auf diese Weise können wir uns besser in unsere Lebensaufgaben einordnen. Da aber die Schulbehörde die Zeit für den Schulbeginn festsetzt und nicht die Mutter und da die Mutter sich entschloß, sich herauszuhalten, Hans die Unannehmlichkeiten des Zuspätkommens selber erfahren zu lassen und ihn allein gehen zu lassen, war keine weitere Korrektur mehr nötig. Wenn die Mutter Schelten und Schläge auch nicht unbedingt als Vergeltungsmaßnahme benutzt

57

hat, so ließ sich doch folgern: „Wenn du dich nicht rechtzeitig anziehst, werde ich dich verhauen." Hans aber merkte, obwohl er sich dessen nicht bewußt zu sein brauchte, daß seine Launen seine Mutter veranlaßten, sich einzumischen, sich aufzuregen und aus der Fassung zu geraten, und solange sie sich einmischte, konnte er das Ergebnis seines eigenen Handelns nicht erkennen.

Die gesellschaftliche Ordnung stellt die Lebensregeln dar, die alle Menschen lernen müssen, damit sie erfolgreich wirken können. Einige der Regeln mögen nur regional zutreffen, andere können universal gelten und gehen über einzelne Gesellschaften hinaus. Zum Beispiel kann der Gebrauch von Messer und Gabel beim Essen von Kultur zu Kultur verschieden sein, aber die Strafe für das ungerechtfertigte Töten eines Menschen ist im allgemeinen in allen Gesellschaften sehr schwer. Sicherlich sind viele Regeln einer Gesellschaft nicht unbedingt gerecht oder nicht einmal hilfreich für das Wohl des einzelnen. Aber hier handelt es sich nicht darum, Wert oder Unwert gewisser Regeln zu erörtern, sondern aufzuzeigen, daß sie von der ganzen Gesellschaft festgesetzt worden sind und nicht der Laune der Eltern oder eines Erwachsenen mit unmittelbarer Autorität entspringen. Folglich können Regeln für die Eltern wertvolle Verbündete sein, das Kind die Beziehung zwischen seiner Tat und dem Ergebnis einsehen zu lehren. Ein Kind, das zu spät zum Essen kommt, wird gewöhnlich gescholten oder sogar geschlagen. Die richtige logische Folge für die Mutter aber ist, die Mahlzeit auf den Tisch zu stellen, und dann kann das Kind essen, wann immer es kommen mag, solange die übrige Familie noch beim Essen ist. Nach Schluß der Mahlzeit wird, wenn das Kind noch nicht gekommen ist, der Tisch abgeräumt, und es bekommt an diesem Tag kein Essen. Ein weiteres Beispiel für logische Folgen: ein Kind, das sein Zimmer nicht rechtzeitig saubermacht, muß sein Lieblingsfernsehprogramm aufschieben, bis es fertig ist. So besteht die gesellschaftliche Ordnung aus einer Gesamtheit von Regeln auf einer unpersönlichen Ebene, und das Kind muß sie lernen, damit es sich reibungslos einordnen kann.

2. Die logische Folge ist logisch mit dem Fehlverhalten verknüpft;
   die Strafe ist es selten
Es gab Schwierigkeiten mit einer 13 Jahre alten Tochter, weil sie
ihre Kleider nicht aufhängen wollte. Sie ließ sie nicht nur liegen,
wo sie sie gerade ausgezogen hatte, sondern schien auch noch

*Spaß daran zu haben, sie zu zerknittern. Früher war sie verhält-
nismäßig gut mit ihren Sachen umgegangen, und die Mutter verstand die Veränderung nicht. Nachdem sie es mit Überredung,
Drohung und Schimpfen versucht hatte, sagte sie ihrer Tochter
schließlich, sie könne so weitermachen und ihre Sachen hinwer-
fen, fügte aber hinzu, daß sie selbst sie dann nicht aufheben oder
bügeln würde. Die Tochter beklagte sich, daß sie nicht genug
anzuziehen habe, aber die Mutter weigerte sich, das zu ändern,
bis das Mädchen sich um das, was es hatte, kümmerte. Es trug
ein paarmal schmutzige und zerknitterte Kleider in der Schule,
bis es begann, sorgfältiger zu werden. Es dauerte nicht lange, bis
es seine Kleider aufhängte.*

Als das Mädchen merkte, daß es allein dafür verantwortlich
war, wenn es zerknitterte oder schmutzige Kleider in der Schule
tragen mußte, verbesserte sich sein Fehlverhalten schnell. Solch
ein Vorgang braucht natürlich eine gewisse Zeit, bis er Ergebnisse zeigt, und die Mutter muß sich in Geduld üben.

Unglücklicherweise wird in den meisten Fällen durch Schelte
oder Schläge gestraft, und für die Kinder sind das letztlich willkürliche Handlungen, obwohl das Motiv der Eltern richtig ist.
Kinder sehen nicht immer eine Beziehung zwischen der Strafe
und ihren eigenen Handlungen, und sie nehmen sich vor, der
elterlichen Handlung nichts schuldig zu bleiben oder sie irgendwie zu umgehen, so daß sie weiter tun können, was sie tun.

Vor allen Dingen muß das Kind die Beziehung zwischen seinem eigenen Betragen und dem Ergebnis *sehen*, andernfalls wird
die Folge nicht wirksam.

3. Logische Folgen enthalten kein Element moralischen Urteils; Strafe dagegen häufig

*Mutter ertappte ihre Tochter bei einer offensichtlichen Lüge.
„Dörte, du weißt, daß man nicht lügen darf. Leute, die lügen,
kommen so weit, daß sie nicht mehr ehrlich und aufrichtig sein
können. Ihre Seelen werden unglücklich und gemein. Glaubst
du, Gott und alle seine Heiligen können solche Menschen gebrauchen? Gott will, daß wir ehrlich und wahrhaftig sind. Für
Lügner gibt es keinen Platz im Himmel. Wenn du lügst, bist du
nicht gut."* [1]

---

[1] Dreikurs und Vicki Soltz, a.a.O. S. 290.

Dieses Beispiel zeigt den Mißbrauch religiöser Begriffe, der ein kleines Kind oft entmutigen und ängstigen kann. Immer wenn Vater oder Mutter mit einer Strafe Gottes drohen, kann das zwei Folgen haben. Weil es dem Kind unmöglich ist, immerzu brav zu sein, kann die Furcht, von einer geheimnisvollen Autorität für irgendein unbedeutendes Unrecht gestraft zu werden, seine Ängstlichkeit und Unsicherheit bis zu einem solchen Grad steigern, daß es nicht mehr wagt, etwas zu tun. Ein älteres und gewitzteres Kind entdeckt bald, daß eine solche Strafe nicht eintritt, und lernt, über solche Drohungen zu spotten; gleichzeitig lernt es, die Religion nicht als Antrieb zu einem guten Leben anzusehen, sondern als Waffe seiner Eltern, es durch Furcht zur Unterwerfung zu zwingen. Die meisten Psychologen stimmen überein, daß moralische Urteile im Umgang mit Kindern vermieden werden sollten. Unglücklicherweise war es die traditionelle Lehre der autokratischen Vergangenheit, moralische Urteile als Mittel zu gebrauchen, die Macht einer autoritären Figur aufrechtzuerhalten, um so eine Besserung von Fehlverhalten zu erreichen. Weil das Bedürfnis der Kinder, Anerkennung zu gewinnen, oft ein stärkerer Beweggrund ist als ihr Wunsch, sich zu fügen, sind sie allzuoft mit Schuldgefühlen belastet, wenn sie Vorschriften verletzen, die sie an sich für richtig halten. Weil man sie gelehrt hat, wert sein mit gut sein gleichzusetzen, sind sie allmählich überzeugt, „nicht gut" zu sein, da es gelegentlich unmöglich ist, Vorschriften nicht zu verletzen. Das kann dazu führen, daß sie sich mehr und mehr in eine sinnlose, selbstzerstörerische Richtung treiben lassen. Wenigstens gewinnen sie so die Aufmerksamkeit der Erwachsenen, wenn auch ungünstige. Die Idee der logischen Folgen setzt voraus, daß das Kind weder gut noch böse ist, und ebensowenig entwickelt es sich willkürlich in eine der beiden Richtungen. Seine Handlungen mögen von der Gesellschaft als gut oder böse beurteilt werden, aber das ändert nicht seinen eigentlichen Wert als menschliches Wesen. Seine Fehlhaltungen müssen als Fehler, nicht als Sünden angesehen werden, und die Erwachsenen sind dafür verantwortlich, das deutlich zu machen, ohne das Kind als gut oder böse abzustempeln. Ein Kind deutet seine Bestrafung dahingehend, daß es keinen Wert besitzt, da ja seine Eltern (oder Lehrer) kein Vertrauen zu ihm als wertvolle Persönlichkeit haben. Logische Folgen vermeiden es, moralische Urteile solcher Art zu fällen; sie unterscheiden zwischen der Tat und dem Täter. Das

Kind, das die unangenehmen Folgen seiner Handlung erfährt, wird darin etwas sehen, was es in Zukunft meiden sollte. Außerdem ist es frei von dem Gefühl, Gegenstand der Laune einer Autorität zu sein, über die es keine Macht hat. Eine logische oder eine natürliche Folge gibt ihm die Wahl, für sich selbst zu entscheiden, ob es eine bestimmte Handlung wiederholen will oder nicht.

4. Logische Folgen befassen sich mit dem, was gerade geschieht; Strafen dagegen mit der Vergangenheit
Der Richter las das Strafregister durch und blickte dann den Jungen vor ihm streng an. „Das ist das dritte Mal, daß du hier bist. Du bist schon wieder wegen Autodiebstahls angeklagt. Anscheinend kannst du aus deinen vergangenen Fehlern nichts lernen. Was hast du dazu zu sagen?" Der Junge sah den Richter gequält an und zuckte die Schultern. „Ich weiß nicht", murmelte er. Der Richter sagte: „Ich habe keine andre Wahl, als dich zu sechs Monaten Jugendstrafe zu verurteilen. Vielleicht wird dir das eine Lehre für die Zukunft sein."

Solche Szenen wiederholen sich tausendmal überall in der Welt. Leider gibt es wenig Hoffnung auf Besserung, wenn der alte Satz der Bibel: „Auge um Auge, Zahn um Zahn", angewandt wird. Für ein Verbrechen muß man durch eine Gefängnisstrafe oder eine Geldbuße oder durch beides Sühne tun. Die Schwächen solcher Bestrafung sind schmerzlich klar. Leider gibt es in unserm Rechts- und Strafvollzugssystem noch keine Richtlinien oder Einrichtungen, die ein Urteil ermöglichen, das mehr auf die für eine Rehabilitation notwendige Zeit ausgerichtet ist, oder die aus dem Urteil eine logische Folge machen könnten. Dann nämlich müßte der Richter viele Umstände berücksichtigen, die zu dem Verbrechen geführt haben, soziale, wirtschaftliche und persönliche, die jeden Gesetzesübertreter vom andern unterscheiden. Es ist viel leichter, sich auf ein starres Gesetz zu berufen, dessen Ursprünge Hunderte von Jahren alt sein mögen. Mit wenigen Ausnahmen haben entlassene Straffällige immer weniger Chancen, nicht rückfällig zu werden, je länger sie einsaßen. Wenn man für sein Vergehen „bezahlt" hat, hat man vermeintlich seine Schuld an der Gesellschaft bezahlt; man ist frei, das gleiche Verbrechen zu begehen, wenn man willens ist, dafür zu „bezahlen".

Anderseits sind die Folgen, die natürlichen und die logischen, der Verletzung der Ordnung offensichtlich und spielen erst eine Rolle, wenn der einzelne die Ordnung mißachtet. Sobald ein Kind lernt, daß einer bestimmten antisozialen Handlung unweigerlich ein unangenehmes Ergebnis folgt, wird es gewöhnlich zweimal überlegen, bevor es sie wiederholt. Dann sind es Ordnung und Wirklichkeit selbst und nicht die willkürliche Macht der Erwachsenen oder erwachsenen Gesellschaft, die unangenehme Folgen bringen. Die Eltern können als Freunde dabeistehen, weil das Kind sich nicht persönlich besiegt fühlt. Ebenso kann das Element der Bestechung (in der Form von Belohnung für gutes und Bestrafung für böses Benehmen) vermieden werden.

5. Die Stimme ist freundlich, wenn Folgen beschworen werden;
in der Bestrafung liegt, offen oder versteckt, Gefahr
„Karl, du kommst jetzt sofort her!" Vaters Stimme ist ärgerlich und streng. „Wie oft habe ich dir schon gesagt, daß du mein Werkzeug nicht ohne meine Erlaubnis benutzen sollst? Jetzt gehst du sofort auf dein Zimmer und bleibst dort, bis ich dir sage, daß du wieder herauskommen darfst."

Ob der Vater es weiß oder nicht, die Chancen, daß sein Sohn sich wieder an sein Werkzeug macht, sind größer, als wenn er in freundlicherem Ton zu ihm gesprochen hätte. Der Ton der Stimme ist ein verläßlicher Anzeiger für menschliche Beziehungen; er zeigt offene oder versteckte Haltungen an.

Die erfolgreiche Anwendung von Folgen setzt voraus, daß der Erwachsene ein freundlicher Zuschauer ist. Seine Stimme sollte echtes Bedauern ausdrücken, daß er unter den gegebenen Umständen nichts andres tun kann, als das Kind die Folgen seines Tuns selbst erfahren zu lassen. Ein schroffer Ton widerspricht jedem Anschein von Freundlichkeit; er zeigt Ärger, unausgesprochene Forderungen, Vergeltungswillen an. Freundlichkeit muß echt sein. Wenn die Eltern sich bedroht oder besiegt fühlen, sind sie nicht in der Lage, logische Folgen anzuwenden, weil sie persönlich zu sehr verstrickt sind.

Die Techniken der Anwendung von logischen Folgen und persönlicher Nichteinmischung hängen voneinander ab. Das eine ist nicht ohne das andere möglich, und der Ton der Stimme ist der verläßlichste Anzeiger des persönlichen Beteiligtseins des

Erwachsenen. Man kann seine wirkliche Einstellung nicht verbergen; die Stimme ist das wahre Barometer.

Im obigen Beispiel hätte der Vater in ruhigem Ton zu seinem Jungen sagen können: „Es scheint, daß du nicht in die Garage gehen kannst, ohne mein Werkzeug zu benutzen, auch wenn ich es dir nicht erlaubt habe. Du wirst also, bis du bereit bist, mich um Erlaubnis zu fragen, aus der Garage wegbleiben." Wenn eine solche Feststellung den Jungen nicht am Betreten der Garage hindern sollte, kann man einfach ein Schloß anbringen. Auf jeden Fall läßt der Vater seinem Sohn dann die Wahl zu entscheiden, wann er die Regeln zu halten gewillt ist.

Bedingungen für die Anwendung von logischen Folgen

1. Anwendung von Wahl. Wahl gehört zur Natur jeder logischen Folge. Der Erwachsene sollte dem Kind möglichst immer eine Wahl lassen. Man sollte vom Kind fordern, zwischen richtigem Benehmen oder Fortsetzung seines schlechten Benehmens zu wählen; wenn es sich zur Fortsetzung entschließt, sollte die Folge unmittelbar eintreten.

Im Verlauf eines Gesprächs bei der Familienberatung enthüllte eine Mutter als eins ihrer Hauptprobleme bei ihrem vierjährigen Georg, daß er keine normale Mahlzeit essen wollte. Anscheinend wollte er nur Brot und Milch. Wenn sie ihm das Essen vorsetzte, fing er laut zu jammern an und aß nicht, bis man ihm Brot und Milch gebracht hatte. Man empfahl der Mutter, sie solle Georg beim nächsten Mal die Wahl lassen, entweder nur Brot und Milch oder seine richtige Mahlzeit zu essen. Man fragte sie auch, ob Georg andre Speisen außer Brot und Milch besonders gern äße. Sie sagte, davon gäbe es mehrere. Man schlug ihr vor, eine dieser Speisen zu kochen, Georg aber nur zu erlauben, Brot und Milch zu essen, wenn er diese wählte. Beim nächsten Besuch der Mutter eine Woche später stellte es sich heraus, daß Georg, nachdem er drei Tage lang nur Brot und Milch gegessen hatte, froh war, alles zu essen, was man ihm vorsetzte.

Es gibt Beispiele logischer Folgen, wo eine verbale Wahl wie in der obigen Lage weder möglich noch ratsam ist. Zum Beispiel sollte man einem Kind, das beim Anziehen trödelt und folglich zu spät zur Schule kommt, nicht *sagen,* daß es die Wahl habe, sich beim Anziehen Zeit zu lassen oder sich zu beeilen. Tatsächlich kann es klüger sein, dem Kind nicht zu sagen, daß es zu spät kommen wird, wenn es sich nicht beeilt. Offensichtlich wird ihm die Wahl klar werden, wenn es zwei- oder dreimal zu spät gekommen ist, und eine weitere Erwähnung wird nicht nötig sein.

Erwachsene machen häufig den Fehler, dem Kind die Wahl zwischen Strafen anzubieten, *nachdem* es sich schlecht benommen hat. Das Kind wählt entweder die leichteste Strafe oder weigert sich, die Wahl anzunehmen. Der Erwachsene ist dann gezwungen, zu einer willkürlichen Strafe zu greifen, die den Konflikt zwischen ihm und dem Kind nur vertieft.

2. Das Ziel des Kindes verstehen. Wie schon in Kapitel 2 angedeutet, ist das Verständnis für das psychologische Ziel des Kindes lebenswichtig für den Erfolg einer Besserungsmaßnahme. Allgemein gesagt, sind logische Folgen am wirkungsvollsten, wenn das Ziel ist, Beachtung zu erringen. Wenn das Ziel Macht oder Rache ist, beschäftigt sich das Kind so eifrig damit, entweder seine Überlegenheit über den Erwachsenen zu festigen oder mit ihm abzurechnen, daß es ihm häufig gleichgültig ist, welche Ergebnisse seine Handlungen haben. Je unangenehmer die Antworten des Erwachsenen sind, desto besser passen sie in den Plan des Kindes, in seinen Wunsch, zu kämpfen oder abzurechnen. Kinder in extremen Zuständen von Gefühlsstörungen, Wut oder Feindseligkeiten erkennen selten Folgen als Ergebnis ihrer Handlungen, sondern als Ausdruck der Bestrafung durch rachsüchtige Erwachsene (was sie häufig auch sind). Wenn man bei einem emotional gestörten Kind Folgen anwenden will, muß man sich vergewissern, daß die Folgen nicht von einem Erwachsenen herbeigeführt werden, sondern in der Situation selbst liegen. Natürliche Folgen, die ohne Einmischung von Erwachsenen eintreten, können bei Kindern, die in einen Machtkampf verwickelt sind oder Rache suchen, wirkungsvoll sein.

3. Die gefährliche Situation. Kritiker der logischen Folgen weisen immer auf besondere Beispiele hin, wo logische Folgen offensichtlich nicht angewandt werden können. Es gibt natürlich viele solche Beispiele. Man darf einem Kind nicht erlauben, auf die Fahrbahn zu laufen und von einem Auto angefahren zu werden, um zu beweisen, daß Autos gefährlich sind. Es gibt viele Lagen, wo ein einfaches Verbot, auf das die Entfernung des Kindes an einen sicheren Ort folgt, die wirksamste Antwort ist. Ein geschickter Erwachsener kann jedoch diese Lagen durch geeignete Maßnahmen in Folgen umwandeln. Ein Kind, das auf die Fahrbahn läuft, sollte ruhig und fest in den Garten hinter dem Haus gebracht werden, so daß es nicht hinaus kann, oder in ein Zimmer, das es nicht verlassen kann; dann sollte man ihm sagen, daß es zurückkommen darf, wenn es bereit ist, vor dem Haus zu spielen, ohne auf die Fahrbahn zu laufen. Wenn das Kind das verspricht, darf es wieder draußen spielen. Sollte es wieder auf die Straße laufen wollen, muß das Verfahren wiederholt werden, diesmal aber für einen längeren Zeitraum. Das braucht selten mehrere Male zu geschehen, bis selbst ein sehr kleines Kind die Bedeutung seiner eignen Handlungen und der Folgen begreift.

4. *Wenn die Folgen versagen.* Verschiedene Typen von Folgen und ihre Anwendung werden später im einzelnen erörtert, wobei Fallstudien benutzt werden.

Wenn jedoch eine Folge versucht wird und sich als unwirksam erweist, ist es wichtig, jede Handlung in der Situation Schritt für Schritt zu untersuchen, um herauszufinden, wo die Fehlerquelle liegen kann. Es kann eine unschätzbare, wenn auch oft mühsame Hilfe für den Erwachsenen bei einer objektiven Untersuchung sein, wenn diese Schritte aufgeschrieben werden. Häufig wird sich der Fehler im Verhalten des Erwachsenen finden, so etwa ein willkürlicher Befehl, eine Haltung des „Ich hab's dir ja gesagt!" beim Ergebnis oder eine durch Schimpfen oder Vorwürfe verfärbte Folge. Nach einer solchen Untersuchung wird der Erwachsene besser verstehen, wie man logische Folgen anwendet.

Es muß betont werden, daß trotz der vielen vorgeschlagenen Möglichkeiten für die Anwendung von logischen Folgen jeder Versuch ein Element enthält, über das der Erwachsene keine Kontrolle hat: Wie beurteilt das *Kind* die Lage? Erfolg oder Mißerfolg hängen von diesem Umstand ebensosehr ab wie von jedem andern. Am Anfang mag es mehr Mißerfolge als Erfolge geben, wie Beispiele im folgenden Kapitel zeigen. Aber Zeit und Erfahrung in der Anwendung logischer Folgen (mit dem daraus entstehenden Gewinn an Verständnis für Kinder) werden dazu führen, daß die Erfolge die Mißerfolge bei weitem überwiegen. Fehler und Mißerfolge lassen sich nie ganz ausschließen, aber wir glauben, daß die Idee der logischen Folgen den Bedürfnissen der wachsenden demokratischen Kultur von heute so einzigartig angemessen ist, daß Fehler höchstwahrscheinlich dem Kind psychologisch weniger schaden als Fehler beim Bestrafen. Aus diesem Grund kann der Erwachsene logische Folgen mit großer Hoffnung und, was höchst wichtig ist, mit reinem Gewissen anwenden.

Zusammenfassende Übersicht über das Kapitel von den logischen Folgen

Logische Folgen dagegen	Bestrafung
1. Drücken die Wirklichkeit der gesellschaftlichen Ordnung aus, nicht der Person.	Drückt die Macht einer persönlichen Autorität aus.
2. Sind dem Fehlverhalten innerlich zugeordnet.	Hat keine logische, nur eine willkürliche Verbindung zwischen Fehlverhalten und Folgen.
3. Enthalten kein Element moralischen Urteils.	Enthält unvermeidlich ein moralisches Urteil.
4. Befassen sich nur mit dem, was jetzt geschieht.	Befaßt sich mit der Vergangenheit.

Wer logische Folgen anwendet, muß verstehen, daß die Technik nicht in allen Fällen brauchbar ist. Sie ist am erfolgreichsten bei Fehlverhalten, das Beachtung erringen will. Der Erwachsene muß das Ziel des Kindes herauszufinden trachten, bevor er vorgeht. Logische Folgen sollten dem Kind eine klare und logische Wahl des Verhaltens und seiner Ergebnisse bieten. Das Kind muß begreifen, daß es eine Wahl hat, und die Beziehung seiner Wahl zu dem, was folgt, annehmen. Der Erwachsene sollte versuchen, objektiv, aber interessiert während der Situation und ihrem Ausgang zu sein, und muß immer wissen, daß er an einem Lernprozeß beteiligt ist, nicht an einem richterlichen Verfahren. Statt ärgerlich sollte der Erwachsene verständnisvoll, teilnehmend sein, „fest, aber gerecht"; wenn er es ist, werden die Chancen für das Kind, die wertvollen Einsichten zu erlernen, die zur einzigen durchführbaren Methode der Disziplin, nämlich zur Selbstdisziplin, führen, sehr viel größer werden.

7. Konfliktlösungen durch Folgen

Wir haben die verschiedenen Möglichkeiten beschrieben, Folgen anzuwenden. Jeder kann also eine große Zahl von Antworten auf auftauchende Konfliktsituationen entwerfen. Wenn die Eltern genau wissen, was sie tun müssen, können sie richtig antworten, ohne jede einzelne Situation zu prüfen. Sie brauchen dann nicht mehr lange zu überlegen, um zu einer Entscheidung zu kommen. Wie in der Vergangenheit, als jeder wußte, was in einem Streitfall zu tun war, werden die neuen Methoden der Lösung von Problemen durch logische Folgen genauso automatisch und natürlich angewandt werden wie Lohn und Strafe.

Logische Folgen erlauben eine unmittelbare Antwort auf zwischenmenschliche Schwierigkeiten, die in einer Familie entstehen. Ein Teil der Grundtechnik der logischen Folgen besteht darin, Probleme durch demokratische Verfahren zu lösen; das hat sich als sofortige Lösung von Konflikten erwiesen. Wir wollen einige der Grundprinzipien untersuchen.

Problemlösung durch demokratische Verfahren

Konflikte von Interessen, Gedanken und Wünschen sind unvermeidlich, wo Menschen zusammenleben. In einer autokratischen Vergangenheit wurden Konflikte vornehmlich durch Anwendung von Lohn und Strafe, durch Druck von außen gelöst. Seit Strafe nicht mehr wirksam ist, suchen wir nach neuen Maßstäben. Es ist die Absicht dieses Buches, sie zu liefern. Wenn man logische Folgen anwenden will, muß man einige Grundsätze beachten. Die folgenden vier müssen als wesentliche Erfordernisse zur Konfliktlösung in einem demokratischen Verfahren angesehen werden.

1. Alle Konflikte können nur auf der Grundlage gegenseitiger Achtung gelöst werden. Das schließt Kämpfen und Nachgeben

aus. Kämpfen verletzt die Achtung vor dem Gegner; Nachgeben die Achtung vor einem selbst. Logische Folgen erlauben eine Alternative.

2. In jeder Konfliktlage sollte man den *wirklichen* Streitpunkt genau bestimmen. Und der wirkliche Streitpunkt ist *nie* der ganze Konflikt; hinter jedem Argument steckt das Problem der persönlichen Betroffenheit auf seiten eines jeden Beteiligten, stecken Persönlichkeitsrücksichten wie Status und Prestige, der Wunsch zu gewinnen und die Furcht zu verlieren, ungerecht behandelt, seiner Rechte beraubt zu werden. Wenn man die Wichtigkeit der persönlichen Betroffenheit nicht erkennt, wandelt man Meinungsverschiedenheiten in unlösbare Konflikte.

Eltern und Lehrer müssen das Gesamtbild ihrer Konflikte mit Kindern sehen. Konflikt gründet sich immer auf den falschen Zielen des Kindes nach Beachtung, Macht, Rache und Abschließung. Diese vier Ziele sind die grundlegenden Streitpunkte zwischen Eltern und jüngeren Kindern. Dasselbe gilt auch für Konflikte zwischen Erwachsenen; gleichgültig, worum der Streit geht, es handelt sich immer um eine Frage des Status, der Achtung, des Verlusts und der Ungerechtigkeit.

3. Konflikte können nur durch Übereinkunft gelöst werden. Anstatt darin übereinzustimmen, sich zu bekämpfen, zu übertrumpfen oder zu beleidigen, müssen die Beteiligten an einem Streit darin übereinstimmen, eine annehmbare Lösung auszuarbeiten. Wenige Leute wissen, daß jede Beziehung, ob gut *oder* böse, auf Übereinstimmung beruht, auf voller Zusammenarbeit und Verständigung. Das heißt, man kann nicht kämpfen, ohne den Gegner davon zu verständigen und seine volle Mitarbeit zu gewinnen, den Kampf auszufechten.

Wenn man erkennt, daß jede Handlung zwischen zwei Menschen auf Übereinstimmung beruht, braucht man nicht ratlos oder unsicher vor der Notwendigkeit zu stehen, eine bessere Form der Übereinstimmung zu erzielen. Das bestehende Einverständnis kann nicht aufrechterhalten werden, wenn die eine Partei sich weigert, in der Rolle des Kämpfers zu verharren. Das Einverständnis kann geändert werden, wenn eine oder beide Parteien des Konflikts darüber nachzudenken beginnen, was *man selbst* tun kann, anstatt immer nur herauszustellen, was der Gegner tun soll, um den Konflikt zu lösen.

Eine ausgezeichnete Veranschaulichung dieses Grundsatzes bietet der Dialog. Wenn man nur die Zeilen des einen Sprechers liest und die des zweiten ausläßt, ergeben die Worte keinen Sinn. Leider tun gerade das die meisten Leute in einem Konflikt: Sie hören nur die Zeilen des Gegners, und die ergeben keinen Sinn. Man drückt so häufig sein Erstaunen darüber aus, daß der andre so unvernünftig, gemein, selbstsüchtig sein kann, oder wie auch immer man das Verhalten des Gegners bezeichnen mag. Es gibt keinen Sinn, bis man auf sich selbst hört. Aber nur wenige Menschen sind bereit, sich selbst so objektiv zu sehen.

Eine Übereinstimmung zu erreichen ist verhältnismäßig leicht, wenn man bereit ist, seine eigne Rolle und sein eignes Verhalten zu ändern. Die Wirkungen logischer Folgen sind eine vorzügliche Veranschaulichung der eigenen Fähigkeiten, Konflikte zu lösen, weil Vater oder Mutter aus der Rolle des Gegners oder des Sparringspartners ausgeschieden sind.

4. Konflikte können nur durch *Teilhabe* an der Entscheidung gelöst werden, durch *gemeinsame* Verantwortung. Mitarbeit muß gewonnen statt gefordert werden; d. h., die Gegner müssen sich zugunsten des Friedens statt des Krieges entscheiden. Logische Folgen erlauben jedem, besonders dem Kind, sich zu entscheiden, wie man auf eine neue Lage antwortet.

Unsere Aufgabe ist es nicht, verschiedene Formen von Folgen zu entwerfen; auf Konfliktsituationen sind unzählige Antworten möglich, und diese werden von Eltern gefunden werden, die es gelernt haben, auf der Grundlage der obigen vier Grundsätze der Konfliktlösung zu arbeiten. Notwendig ist ein klares Verständnis für die Art, wie Folgen angewandt werden. Die Grundprinzipien der Konfliktlösung können als verläßlicher Maßstab für richtigen und unrichtigen Gebrauch von Folgen benutzt werden.

Konfliktsituationen

Jeden Tag entstehen in der Durchschnittsfamilie Konflikte zwischen Eltern und Kindern. Einige treten beinahe überall auf, andre sind einzigartig. Hinter allen jedoch steckt der eigentliche Streitpunkt: der Krieg zwischen den Generationen, die falschen Ziele des Kindes, die Neigung der Eltern, sich durch Provokation täuschen zu lassen, weil sie nicht gelernt haben, mit dem eigentlich strittigen Punkt oder dem Vorfall fertig zu werden. Gewisse häusliche Situationen bieten sich geradezu für die Entstehung von Konflikten an: daß die Kinder morgens aus dem Bett kommen; daß sie sich für die Schule fertig machen; daß sie sich richtig anziehen; daß sie essen und anständige Eßgewohnheiten entwickeln; daß sie nicht mit ihren Geschwistern streiten; daß sie ihr Zimmer sauberhalten; daß sie häusliche Pflichten übernehmen; daß sie ihre Hausaufgaben machen; daß sie sich in der Öffentlichkeit, z. B. in Läden und Restaurants, anständig benehmen; daß sie Freunde besuchen; daß sie rechtzeitig heimkommen und zu einer vernünftigen Zeit ins Bett gehen. Bei älteren Kindern sind Hauptprobleme, wann sie nach Hause kommen, vor allem für die Mädchen, und wann sie den Wagen benutzen dürfen, vor allem für die Jungen.

Die Gründe, die zu einem Konflikt führen können, sind unbegrenzt. Es gibt jedoch einen allgemeinen Grundsatz. Wenn das Verhältnis zwischen Eltern und Kindern gespannt ist, sucht das Kind den Konflikt gewöhnlich da, wo die Eltern verwundbar sind. Sobald das Kind die Empfindlichkeit der Eltern hinsichtlich bestimmter Formen des Benehmens bemerkt, wird es sich oft gerade so benehmen, wie es die Eltern nicht dulden wollen.

Maria, 6 Jahre alt, benahm sich höchst ungewöhnlich und beunruhigend. Sie kroch auf dem Fußboden herum und krallte die Hände zusammen, als ob sie Pfoten wären. Sie sprach mit niemand und gehorchte keinem, sie bellte nur. Ihr sonderbares Benehmen ließ den Verdacht aufkommen, daß Maria geistig krank sei. Der Erziehungsberater wußte nicht, daß Marias Mutter keine Hunde leiden konnte. Als Maria einen Hund haben wollte, kaufte die Mutter ihr einen, aber sie erlaubte nicht, daß er ins Haus kam. So spielte Maria statt dessen „Hund" [1].

Marias Verhalten erscheint unvernünftig, solange man nicht sieht, daß es sich um eine wohlgeplante Vorstellung handelt, die Mutter zu besiegen. So ist es gewöhnlich in allen Familien: das Kind reagiert auf das besondere Interesse und die besondere Veranlagung der Eltern. Wenn den Eltern z. B. besonders am Essen des Kindes liegt, kann das Kind bereit sein, zu hungern oder sogar zu verhungern.

---

[1] Einige der Beispiele in diesem Kapitel sind früheren Veröffentlichungen entnommen, werden hier aber anders erörtert, weil wir uns hier vor allem mit den unmittelbaren Reaktionen der Eltern durch logische Folgen befassen.

Nicht jedes Kind in derselben Familie wird sich auf die gleiche elterliche Schwäche einstellen; einige werden sich weigern zu essen und andre zu viel essen. Einige werden morgens nicht aufstehen, und andre werden früh erwachen und die Familie stören. Einige Kinder benutzen passive Mittel, während andre sich offen widersetzen. Selbst Fachleute erkennen nicht, daß Ängste und Eifersucht sich gegen die Eltern richten; sie zeigen nicht die Unsicherheit des Kindes an, sondern seinen Versuch, die Eltern zu beeindrucken. Kinder entwickeln Ängste, wenn die Eltern sich mit ihrer Eifersucht befassen und sie dafür tadeln. Die Reaktion verwirrter Eltern verstärkt die Absicht und das Fehlverhalten des Kindes.

Nicht alle Konfliktsituationen bieten sich für die Anwendung von logischen Folgen an. Besonders nicht solche, die Gefahr beinhalten. Es wäre absurd, ein Kind sich ernsthaft verletzen zu lassen, wenn auch einige kontrollierte Erfahrungen unangenehmer oder sogar schmerzhafter Folgen möglich sind. Jedoch können die Eltern in jeder Lage lernen, sich zurückzuziehen und es abzulehnen, sich in einen Streit verwickeln zu lassen. Niemand muß mit einem Kind streiten, wenn er es nicht will, und wenn er es dennoch tut, verletzt er den ersten wichtigsten Grundsatz bei der Lösung von Konflikten.

Aufstehen

In vielen Familien beginnt der Kampf morgens, wenn die Eltern das Kind nicht überreden können aufzustehen. Es muß erinnert, beschwatzt, oft bedroht werden. Ein solches Verfahren verletzt alle vier Grundprinzipien der Konfliktlösung. Die Eltern kämpfen mit dem Kind und geben dann nach; sie wissen kaum, daß sie den Forderungen des Kindes nachgeben, wenn sie es dauernd ermahnen aufzustehen. Sie können ihr Zugeständnis nicht erkennen, weil sie den Kern nicht erfaßt haben. Sie mögen meinen, der Grund für den Konflikt sei die „Unfähigkeit“ des Kindes aufzustehen, vielleicht weil es nicht rechtzeitig zu Bett gegangen ist. Aber ist das der wahre Grund? Bestimmt nicht. Das Kind will Mutters Dienst und Aufmerksamkeit; es veranschaulicht seine Macht, indem es nicht aufsteht, wann es soll, sondern erst, wenn es dazu bereit ist. Das ist der Kern.

Wir wollen nun die Übereinstimmung zwischen Kind und Eltern betrachten. Das Kind drückt die Erwartung aus, daß die Eltern ihre Bemühungen fortsetzen, und sie stimmen damit überein, einen Wettstreit über Sieg oder Niederlage auszutragen. Und die Beute wird gleichmäßig verteilt: zuerst gewinnt das Kind, indem es nicht aufsteht, und dann erhalten die Eltern ihren Ruhm, weil sie es schließlich doch aus dem Bett kriegen. Es gibt bei diesem Verfahren ein bestimmtes Ritual mit leichten Abwandlungen in jeder Familie; jeder der Beteiligten weiß im voraus, was geschehen wird, und ist bereit, in diesem Spiel mitzuspielen. Es gibt wenig Gelegenheit für gemeinsame Verantwortung, weil die Eltern sie auf sich nehmen und dem Kind keine lassen.

Die Lösung des Konflikts ist einfach, wenn man die Grundprinzipien der Konfliktlösung annimmt und entsprechend handelt. Um Kampf und Nachgeben zu vermeiden, müssen die Eltern sich aus der Konfliktsituation zurückziehen und den Kernpunkt erfassen. Wenn sie sich weigern, ihre Rolle weiterzuspielen, muß das Kind entscheiden, ob es aufstehen oder zu spät in die Schule kommen will. Offensichtlich ist Unpünktlichkeit in der Schule die natürliche Folge, die eintritt, sobald die Eltern sich vom Kampffeld zurückziehen.

Viele Leute fragen: Was für einen Unterschied macht es, ob das Kind von selbst aufsteht oder mehrfach von seinen Eltern angetrieben wird? Die gesamte Beziehung zwischen Kind und Eltern wird verändert, wenn sie nicht mehr gewillt sind, zu bedienen und zu kämpfen. Das Kind erhält die Gelegenheit, für sich selbst zu sorgen, Verantwortung zu übernehmen. In vielen Fällen ist das der erste Schritt zu einem neuen und besseren Verhältnis.

Wenn die Eltern sich durch ihr Verantwortungsgefühl belastet und verpflichtet fühlen, dafür zu sorgen, daß das Kind seinen Verpflichtungen nachkommt, können sie sich nicht aus dem Konflikt heraushalten, selbst wenn sie es versuchen. Und solange sie zur Verfügung stehen, wird das Kind sie unter Druck setzen. Es weiß genau, wie es das kann. Selbst wenn die Eltern dem Kind einen Wecker geben und ihm sagen, daß es von nun an für sich selbst sorgen muß, werden sie keinen Erfolg haben, solange sie sich sorgen und beunruhigen und in letzter Minute einschreiten. Unter diesen Umständen ist der Wecker nutzlos; das Kind stellt ihn einfach ab und schläft weiter. Erst wenn es sicher ist, daß die Eltern sich nicht mehr darum kümmern und ihm nicht zu

Hilfe kommen, wird es Verantwortung auf sich nehmen wollen. Wenn jedoch der Lehrer die Lage mißversteht und die *Eltern* verantwortlich zu machen versucht, daß das Kind zu spät gekommen ist, spielt er ihm in die Hand und zwingt die Eltern zur Fortsetzung ihres Dienstes.

Zu spät in die Schule kommen

Das Aufstehen am Morgen ist gewöhnlich nur ein Teil des allgemeinen Verfahrens, während dessen das Kind Antreiben, Schmeicheln, Hilfe und Drohungen braucht, um rechtzeitig fertig zu werden. Es gibt Probleme des Anziehens, der Auswahl der Kleidung, des Bummelns, des Zuspätkommens zum Frühstück, des Frühstücks. Hier eine Beschreibung der Konflikte einer Mutter.

Fred war besonders langsam beim „Munterwerden" am Morgen und brauchte viel mehr Zeit als nötig, um sich für die Schule vorzubereiten. Man erwartete von ihm, daß er sein Bett machte und seine Bücher und Kleidung aufräumte, bevor er wegging, und er hatte Schwierigkeiten, diese Anforderungen zu erfüllen. Mutter und Vater entschieden, wieviel Zeit dafür vor dem Weggehen nötig war, und stellten dann den Wecker entsprechend. Er solle sein Bett machen usw., selbst wenn er zu spät zur Schule kommen sollte. Und er brauche keine Mahnungen zu erwarten. Aber was geschah? Nur mit äußerster Anstrengung konnte die Mutter es unterlassen, zu mahnen, zu nörgeln und die genaue Zeit auszurufen. Letzten Endes hatte sie aus natürlichen Folgen einen Machtkampf gemacht. Wenn sie hartnäckig weiter schweigen würde, könnte Fred sein Problem leicht lösen, denn er wollte ja nicht zu spät zur Schule kommen.

Die Lösung, die Freds Mutter versuchte, war überhaupt keine Lösung. Es handelte sich von Anfang an um einen Machtkampf, und deshalb konnte sie sich nicht heraushalten. Die beste logische Folge kann durch die elterliche Haltung zunichte werden. Freds Mutter verlängerte und verstärkte, indem sie sein Zuspätkommen als Druckmittel und fast als Strafe benützte, den Kampf mit ihrem Kind.

Die Erziehung der Kinder, ordentlich zu sein, ihre Bücher,

Kleider und ihr Spielzeug aufzuräumen und das Bett zu machen, erfordert besondere Überlegungen. Der Morgen ist nicht geeignet für Konfliktlösungen; ja, Konflikte sollten morgens nach Möglichkeit vermieden werden. Der Kampf darum, rechtzeitig fertig zu werden, kann viele Wendungen annehmen und unterschiedliche Grade von Intensität zeugen.

Selma, 10 Jahre alt, fiel es schwer, morgens aufzustehen. An einem bestimmten Morgen versuchte Mutter zum dritten Mal, sie aus dem Bett zu bekommen, was ihr schließlich gelang. Aber dann mußte Mutter sie zur Eile antreiben mit der Drohung, daß sie sie nicht zur Schule fahren würde, wenn es zu spät wäre. Schließlich kam Selma zum Frühstück und las dabei ein Buch mit Comics. Mutter war wütend! „Leg das Buch weg und iß, es ist schon spät!" In dem Augenblick läutete das Telefon, und Mutter geriet in ein langes Gespräch mit einer Bekannten. Plötzlich wurde Selma ängstlich und bat Mutter, sie zur Schule zu fahren. Jetzt aber lehnte Mutter ab. Sie blieb fest, aber Selma erinnerte sie daran, daß sie das ganze Jahr noch nie zu spät gekommen war, und Mutter sollte sie doch noch einmal fahren. „Du willst mir doch mein Zeugnis nicht verderben?" Und also gab Mutter nach, sagte ihrer Bekannten, sie würde zurückrufen. und fuhr Selma zur Schule.

Das ist eine von Kindern angewandte Methode, die selten versagt: ein Appell an den Stolz der Eltern. Selmas Mutter wurde beinahe von ihrer Bekannten so in Anspruch genommen, daß ihr Kind die logischen Folgen seiner Langsamkeit hätte erfahren können; aber die Mutter nutzte die Lage nicht und beraubte das Kind einer wichtigen Erfahrung.

Das folgende Beispiel zeigt, was häufig geschieht, wenn Eltern schwach werden oder kämpfen, anstatt völlig passive, aber wohlwollende Zuschauer zu bleiben.

Linda, 12 Jahre alt, war wenigstens zweimal wöchentlich morgens die letzte, die das Haus verließ. Ihre Mutter vergewisserte sich immer, daß sie wach war, aber nicht unbedingt, daß sie aufgestanden war. Eines Morgens geschah das Unvermeidliche: Linda erschien gegen $1/2$ 10 Uhr und mußte völlig allein mit der Lage fertig werden, als sie zu spät zur Schule kam.

Das Beispiel zeigt in gewissem Sinn eine natürliche Folge, aber sie trat zufällig ein und war von niemand geplant. Daher lernte Linda, obwohl sie die Folgen ihres Verhaltens spürte, wahrscheinlich nicht allzuviel daraus. Die Mutter fühlt sich immer noch verpflichtet, sich zu vergewissern, daß Linda wenigstens zur richtigen Zeit wach ist, und so besteht die ganze Atmosphäre des Bedientwerdens weiter. Man kann sich vorstellen, warum Lindas Mutter so handelt. Sie wird glauben, daß Linda zu dem Entschluß aufzustehen wach sein muß. Das heißt, wenn Linda nicht wach ist, kann sie keine Verantwortung übernehmen, eine falsche Annahme für die Ursache, daß das Mädchen erst um $1/_2$10 Uhr fertig ist. Es fällt Eltern schwer, zu glauben, daß das Kind entscheiden kann, wenn es Zeit zum Aufstehen ist, selbst wenn es schläft, und besonders, wenn es einen Wecker hat. Wenn sie aber ihr Kind zur Übernahme von Verantwortung erziehen wollen, müssen sie auch an seine Fähigkeit dazu glauben.

Das Mittagessen war für Mutter täglich eine Qual, weil Carola, 6 Jahre alt, nie rechtzeitig für den Nachmittagskindergarten fertig war. Dann hörte sie vom System der logischen Folgen. Nach ein paar Tagen der Überlegung beschloß sie, Carola zu zeigen, wie die Zeiger der Uhr stehen, wenn es Zeit wurde, zum Kindergarten aufzubrechen, und setzte sich dann mit ihr zu Tisch. Carola trödelte. Als Mutter mit dem Essen fertig war, stand sie auf und ging mit einem Buch in ein anderes Zimmer. Carola brach schließlich eine halbe Stunde zu spät auf. Mutter wiederholte das Verfahren am nächsten Tag. Am dritten Tag schrieb sie der Kindergärtnerin und bat um ihre Mitarbeit. Carola kam an diesem Tag 45 Minuten zu spät. Als sie heimkam, weinte sie, denn die Kindergärtnerin hatte sie ausgescholten. „Tut mir leid, daß du zu spät gekommen bist, Schätzchen. Vielleicht schaffst du es morgen besser." Von diesem Tag an paßte Carola wie ein Luchs auf die Uhr auf, und Mutter brauchte keine Angst mehr zu haben, daß sie zu spät kam.

Als Carolas Mutter vorgab, sich nicht mehr länger darum zu kümmern, ob ihre Tochter zu spät in den Kindergarten kam, fing Carola an, sie auf die Probe zu stellen, indem sie jeden Tag später kam; sie merkte wahrscheinlich, daß ihre Mutter wie auf glühenden Kohlen saß. Erst als die Mutter sich in ihrer Niederlage an die Kindergärtnerin um Hilfe wandte, sprach das Mädchen an.

Wahrscheinlich wußte es nichts vom Brief der Mutter, andernfalls hätte es wohl aus Trotz weiter getrödelt. Die „verständnisvolle" Ermutigung der Mutter, die an sich etwas zweifelhaft ist, rettete die Lage, und Carola war bereit, sich anzupassen. Jedoch steckt hierin eine wichtige Lehre: Man sollte nicht vorgeben, unbeteiligt zu sein, wenn man in Wirklichkeit weiter sehr beteiligt ist. Kinder haben eine erstaunliche Fähigkeit, zu unterscheiden, ob die Eltern meinen, was sie sagen. An den meisten Mißerfolgen mit logischen Folgen sind solche Vorspiegelungen schuld, die die Kinder erkannt haben. Statt zu richtigem Verhalten angespornt zu werden, empfindet es das Kind fast als seine Ehrenpflicht, den Eltern Paroli zu bieten.

Susi, 7 Jahre alt, sollte den Schulbus um 7.20 Uhr nehmen. Sie trödelte jeden Morgen, und Mutter fiel darauf herein, indem sie mahnte und antrieb. Als Mutter das erkannt hatte, war sie entschlossen, Susi für ihre Angelegenheiten selbst verantwortlich zu machen. Am nächsten Morgen trödelte Susi wie üblich. Mutter enthielt sich sogar, heimlich auf die Uhr zu schauen. Susi ging zu spät weg. Nach kurzer Zeit kam sie mit dümmlichem Gesicht zurück, halb weinend, halb lachend. „Der Bus war weg; ich sah ihn gerade um die Ecke biegen." Mutter antwortete, es täte ihr leid, daß Susi es nicht geschafft habe. Susi ging in ihr Zimmer, um sich ihre Spielkleidung anzuziehen, und kam dann, um sich mit Mutter zu beschäftigen. Mutter sagte: „Schätzchen, ich muß meine Arbeit genauso tun, als wenn du in der Schule wärst." Susi ging wieder in ihr Zimmer, um sich allein zu beschäftigen. Später kam sie wieder heraus. „Mutter, ich fahre ein bißchen Rad." „Schade, Susi, aber du kannst während der Schulstunden nicht radfahren." Susi war ganz bestürzt. Sie blieb also wieder in ihrem Zimmer und spielte den Rest des Tags mit Ausnahme der Mittagszeit, wo sie und Mutter sich vergnügt unterhielten. Susi kam die nächsten Monate nicht mehr zu spät zum Bus.

Wieder scheint die Antwort der Mutter recht wirksam gewesen zu sein. Sie hat Susi eine unangenehme Folge erfahren lassen, indem sie nicht mit ihr spielte und sie auch nicht radfahren ließ. Aber sie gestattete, daß Susi sich in ihrem eignen Zimmer vergnügte. Das ungestörte Spielen und eine freundliche Unterhaltung während des Mittagessens hätten für Susi ein Ausgleich für das Verpassen des Busses sein können.

Im allgemeinen gibt es nur einen anerkannten Grund, nicht in die Schule zu gehen, wenn man nämlich krank ist. Ein Kind, das aus irgendeinem Grund nicht in die Schule geht, sollte wie ein krankes Kind behandelt werden. Es sollte im Bett bleiben, nur Krankenkost bekommen und auf Rundfunk und Fernsehen verzichten müssen. Das alles macht das Zuhausebleiben unerwünscht. Natürlich ist jede Anwendung einer logischen Folge wie der obigen unmöglich bei einem Kind in einem Machtkonflikt. Wenn Susi sich mit ihrer Mutter in einem Machtkonflikt befunden hätte, hätte diese gar nicht widerstehen können, ihr ihre Zeit zu widmen.

In der Regel sollte man sich jeweils nur mit einer Sache befassen. Viel hängt davon ab, ob das Kind gern zur Schule geht. Wenn es Freude daran hat, ist das Fehlen schon Folge genug. Dann ist es höchst wichtig, daß die Mutter sich nicht mit ihm einläßt. Wenn die Schule in der Nähe ist, sollte das Kind, das den Bus versäumt, zu Fuß gehen und zu spät kommen und die Folgen erfahren, wenn es in der Schule ankommt. Wenn das Kind jedoch lieber zu Hause als in der Schule ist, muß sorgfältiger geplant werden, um dem Wunsch, zu Hause zu bleiben, entgegenzuwirken. Logische Folgen lösen keine tieferen Konflikte und Störungen, die überlegtes Vorgehen über den unmittelbaren Augenblick hinaus erfordern können[2].

Der folgende Fall ist ein gutes Beispiel dafür, wie eine logische Folge *nicht* sein sollte.

Rosi stand zwar jeden Morgen um 6 Uhr auf, aber für ihre Frisur brauchte sie so viel Zeit, daß sie durchschnittlich zweimal die Woche den Bus um 7.40 Uhr verpaßte. Wenn sie sah, daß ihre Klassenkameradinnen nicht mehr an der Haltestelle standen, rannte sie nach Haus, und ihre Mutter holte den Wagen aus der Garage und fuhr sie in hektischer Fahrt zur Schule.

Mehrere Drohungen: „Ich werde es nie wieder tun" blieben erfolglos. Eines Tages, als Rosi wieder aus dem Haus rannte und den Bus wahrscheinlich wieder verpassen würde, rief Mutter ihr nach, daß sie nicht wieder zurückzukommen brauchte, da sie sie nicht fahren würde. Als Rosi sah, daß sie den Bus wieder verpaßt hatte, lief sie in Richtung der Schule weiter. Nur kurze Zeit später wurde sie von einer Freundin gerettet, die von ihrer Mutter

---

[2] S. Rudolf Dreikurs – Vicki Soltz: a.a.O.

gefahren wurde. In der folgenden Woche hatte Rosi zweimal dasselbe Glück. Die logische Folge war also durch die Umstände zunichte gemacht worden.

Die Mutter überlegte, daß Rosi nicht immer Glück haben würde. Und falls doch, wollte sie die Mitarbeit einiger Mütter anrufen, die ihre Töchter in die Schule fuhren. Sie konnte sie bitten, Rosi zu übersehen, wenn sie zur Schule ging, oder einen andern Weg zu nehmen, so daß sie sie nicht treffen würden.

Die Mutter verkennt die Lage völlig. Sie möchte, daß Rosi für ihre Nachlässigkeit bestraft wird, und ist bereit, sich dazu mit andern zu verschwören. Die logische Folge ist nicht, wie die Mutter meint, „durch die Umstände" zunichte gemacht, sondern durch ihre eigne falsche Anwendung. Sie betrachtet ganz deutlich logische Folgen als einen Trick, um das Mädchen zu angemessenem Verhalten zu zwingen.

Bisher haben wir gesehen, daß es, was das Aufstehen und Fertigwerden angeht, nur nötig ist, natürliche Folgen ins Spiel zu bringen, damit das Kind die Folgen des Zuspätkommens am eignen Leibe spürt und nicht nur andeutungsweise davon erfährt. Rosis Mutter beabsichtigte nicht, sich herauszuhalten. Als sie dem Kind befahl, „nicht zurückzukommen", entfesselte sie einen Machtkampf, bei dem es dem Mädchen gelang, sie auszuspielen. Wenn sie sich ganz herausgehalten hätte, anstatt es nur anzudrohen, hätte Rosi es früher oder später vorgezogen, rechtzeitig fertig zu sein, anstatt den langen Weg zur Schule zu Fuß zu machen.

Oft sind sich Eltern über die Antworten auf die Herausforderungen ihrer Kinder nicht einig. Hier ein typischer Dialog.

„Wo ist Bärbel?" fragte der Vater, als er sich an den Frühstückstisch setzte.

„Ich dachte, es wäre besser, sie heute länger schlafen zu lassen."

„Wieso?"

„Sie war gestern lange auf. Sie wollte dich sehen, bevor sie zu Bett ging."

„Aber ich habe dir doch gesagt, daß es sehr spät werden würde."

„Ich weiß, aber das versteht sie nicht. Ich habe sie also aufgelassen, bis sie einschlief."

„*Und was ist mit der Schule heute?*"

„*Ach, das ist nicht so schlimm. Es ist ja nur der Kindergarten. Ich werde ihr eine Entschuldigung schreiben, daß es ihr nicht gut war.*"

„*Ich weiß nicht, Martha. Ich meine, Bärbel sollte sich an bestimmte Regeln gewöhnen.*"

„*Ach, sie hat noch viel Zeit, die Regeln zu lernen. Sie ist ja noch so klein.*"

Die erste Voraussetzung für eine erfolgreiche Durchführung logischer Folgen ist, Streit und Nachgeben zu vermeiden. Zwar streiten die Eltern in dem obigen Fall nicht – tatsächlich scheinen sich freundlich zu unterhalten –, aber dennoch kommt die Frage auf: Wer wird gewinnen, der Vater oder die Mutter? Der Vater muß die Mutter die Folgen ihres Streits erfahren lassen. Er könnte das Problem mit der Mutter erörtern, aber er müßte sicher sein, daß sie gewillt ist zuzuhören; sonst hat er kein Recht, ihr seine Ideen aufzuzwingen. Im Augenblick gibt es wenig zu sagen, außer zuzugeben, daß seine Auffassungen über die Erziehung ihrer Tochter sich von den ihrigen zu unterscheiden scheinen. Hoffentlich kann der Vater später seinen wohltuenden Einfluß auf das von der Mutter verwöhnte Mädchen ausüben, indem er seinen Forderungen nicht nachgibt. Er kann es den Druck der Wirklichkeit erfahren lassen. Leider wünschen die meisten Eltern, daß sich der andere Teil ihren Ideen anschließt, bevor sie überhaupt die richtige Erziehung des Kindes überlegt haben. Jeder versucht auszugleichen, was er für die Schwäche des andern Elternteils hält. Wenn ein Teil zu streng erscheint, neigt der andere zur Nachsicht und umgekehrt. Für das Kind bleibt nichts zu lernen übrig.

Was fangen Eltern mit einem Kind an, das morgens bummelt, wenn sie beide selbst rechtzeitig zur Arbeit weggehen müssen?

Theo, 4 Jahre alt, war bereits völlig selbständig beim Anziehen, bis seine Schwester geboren wurde. Er wußte wohl, daß seine Eltern das Haus zu einer bestimmten Zeit verlassen mußten, um rechtzeitig zur Arbeit zu kommen. Aber er erreichte es durch Trödeln und Spielereien, daß jeder Morgen zu einem Kampf wurde, bis Mutter aus Zeitmangel gezwungen war, ihn im letzten Augenblick anzuziehen. Mutter richtete den Morgen so ein, daß er und sie in aller Ruhe frühstücken konnten, ohne vom Baby gestört zu werden; aber er vertrödelte immer noch Zeit, so daß Mutter ihn vollständig anziehen mußte. Nachdem es einige Male ungewöhnlich turbulent zugegangen war, legte Mutter die Kleider einfach aufs Bett, gab ihm seinen Mantel und sagte ihm, er könne sich im Wagen anziehen, weil es Zeit sei und sie nicht warten könne. Dieses Verfahren erforderte mehrere Wiederholungen, bis er ohne Ermahnungen bereit war, sich anzuziehen und rechtzeitig fertig zu sein.

Es gibt viele Wege, den gut geplanten Bemühungen eines Kindes zu entgehen, Eltern lahmzulegen, die rechtzeitig aus dem Haus müssen. Ein Nachbar, ein Babysitter oder ein Verwandter kann einspringen und dafür sorgen, daß das Kind zur Schule kommt, sobald es bereit ist. Diese Person muß über die erwünschte Methode unterrichtet sein, d. h., sie darf nicht auf die Forderungen des Kindes hereinfallen, sondern muß festbleiben. Die Hauptsache ist, daß das Kind erkennt, daß es seine Eltern nicht mehr in seinen Dienst zwingen kann.

Hier ein Beispiel für die Wirksamkeit eines Außenseiters, selbst wenn es den Eltern schwerfällt, die richtige Methode anzuwenden.

Es war buchstäblich eine Herkulesarbeit für die Mutter der siebenjährigen Hanne, diese rechtzeitig zur Schule zu bekommen. Hanne hatte immer eine Verzögerungstaktik. An einem Morgen war ihr Kleid nicht richtig gebügelt. Ein andres Mal war es nicht das, was sie eigentlich anziehen wollte. Oft waren die richtigen Kleidungsstücke nicht da, und Mutter mußte sie suchen, bevor das Kind sich anzog. Irgendwie kam Hanne immer rechtzeitig zur Schule; aber Mutter spürte, wie sie allmählich ein Nervenbündel wurde einfach durch die Anstrengungen, sie rechtzeitig zur Schule zu bringen. Kurz danach wurde Mutter krank und mußte wegen einer sofortigen Operation ins Krankenhaus. Da Vater wegmußte, bevor Hanne zur Schule ging, wurde eine Nachbarin gebeten, sich um Hanne zu kümmern, vor und nach der Schule. Gegen Ende ihres Krankenhausaufenthalts fragte Mutter die Nachbarin, wie es ihr ergangen sei beim Fertigmachen für die Schule. „Das war kein Problem", sagte die Frau. „Als ich sah, was für ein Theater sie veranstaltete, habe ich einfach gesagt: ‚Na schön, du kannst zur Schule gehen, wann du willst.' An den beiden ersten Vormittagen kam sie zu spät, und danach gab es keine Probleme mehr." Mutter übernahm die Methode der Nachbarin und wiederholte deren Worte, als sie wieder zu Hause war, und stellte zu ihrer Überraschung fest, daß Hanne ohne Schwierigkeit angezogen und für die Schule fertig war.

Anziehen

Verzögerung beim Anziehen ist ein Grund für das Zuspätkommen zur Schule, wie wir an mehreren Beispielen gesehen haben. Gute Anziehgewohnheiten sind daher die ersten Verantwortungen, die ein Kind auf sich nehmen muß, und die ersten, die ihm begegnen, wenn es morgens aufsteht. Oft liegt hier die Quelle für Konflikt und Unruhe; die Mutter ist hin und her gerissen zwischen ihrem Gefühl für ihre Verantwortung und ihrem Ärger über die Unfähigkeit oder Unwilligkeit des Kindes, die seine zu übernehmen. In dem darauffolgenden Streit gewinnt gewöhnlich das Kind, indem es die Mutter in seinen Dienst stellt. Wir unterschätzen die Fähigkeit des sehr kleinen Kindes beträchtlich; oft wird sie auf indirekte Weise offensichtlich.

Paul, 2 Jahre alt, konnte sich das Hemd nicht anziehen. Er zog es immer verkehrt herum an. Es fiel seiner Mutter nie ein, daß man wissen muß, wie man ein Hemd richtig anzieht, wenn man es immer falsch anzieht.

Guido, 4 Jahre alt, zog sich die Schuhe hartnäckig verkehrt an. Das ärgerte Mutter sehr. „Um Himmels willen, Guido, wann wirst du endlich lernen, den Schuh an den richtigen Fuß zu ziehen? Komm her!" Dann setzte Mutter ihn hin, um die Schuhe auszuwechseln.

In beiden Fällen erkennt die Mutter den Grund für die Ungeschicklichkeit ihres Kindes nicht. Wenn sie aber merkt und wirklich davon überzeugt ist, daß es nicht eine Frage der Unfähigkeit ist, sondern des Nichtwollens, um von der Mutter bedient zu werden oder sie zu besiegen, ist die richtige Antwort klar. Ein Kind ist nicht gern verkehrt angezogen, auch wenn es so tut, als kümmere es sich nicht darum. Aber solange die Mutter mehr als das Kind selbst daran interessiert ist, daß es richtig angezogen ist, wird sie ausgenutzt werden.

Am folgenden Beispiel fällt auf, wie lange Mütter meist brauchen, bis sie merken, wie man ein Problem löst.

Obwohl Karin schon 4 Jahre alt war, brauchte sie immer noch viel Hilfe beim Anziehen. Vor allem zog sie sich nicht gern die Strümpfe an, die ihr zu viel Mühe zu machen schienen. Eines Tages beschloß Mutter, sich nicht mehr darum zu kümmern. Sie sagte Karin, daß sie die Strümpfe anziehen könnte, wenn sie wollte, und verließ dann das Zimmer. Als Karin merkte, daß Mutter ihr nicht mehr helfen würde, zog sie sich die Strümpfe selbst an.

Das Problem des Anziehens hat viele Seiten.

Ralf, 8 Jahre alt, verbrachte jeden Morgen etwa 10 Minuten mit der Auseinandersetzung über das, was er zur Schule anziehen sollte: den Regenmantel oder einen Pullover oder Stiefel. Was Mutter auch vorschlug, er lehnte ab. Mutter beschloß an einem kalten, regnerischen Morgen, überhaupt nichts zu sagen. Ralf zog seinen Regenmantel über ein Hemd mit kurzen Ärmeln, gewiß nicht warm genug für einen so kalten Tag. Er fuhr mit Vater im ungeheizten Wagen zur Schule und zitterte den ganzen Weg. Er wandte sich an Vater und sagte ganz verstört: „Mutter ist es ganz egal, was ich zur Schule anziehe, ich friere die ganze Zeit."
Am nächsten Morgen prüfte Ralf das Außenthermometer und hörte sich den Morgenwetterbericht an. Dann zog er sich entsprechend an.

Das Beispiel bietet mehrere interessante Einblicke. Verwöhnte Kinder neigen dazu, ihren Eltern Vorwürfe wegen ihrer eigenen Unannehmlichkeiten zu machen, so wie der Junge, der sagte: „Geschieht meinem Vater ganz recht, daß ich mir die Hände abfriere, warum hat er mir keine Handschuhe gekauft?" Das ist eine Art umgekehrte logische Folge, aber in Wirklichkeit hat Ralfs Bemerkung, daß es seiner Mutter egal sei, eine gewisse Berechtigung. Von seiten der Mutter war es ein Akt der Feindschaft, daß sie einen ungewöhnlich kalten Morgen wählte, um Ralf eine Lektion zu erteilen. Logische Folgen sollten keine solche Bestrafung beinhalten. Zweifellos hat das Kind seine Lektion gelernt, aber es kann auch keinen Zweifel an seiner zukünftigen

82

Haltung der Mutter gegenüber geben. Logische Folgen sollten das Verhältnis zwischen Eltern und Kind entlasten. In diesem Beispiel setzt sich die Mutter gerade neuer Belastung aus.

Die Kleiderfrage bietet wunderbaren Stoff für Auseinandersetzungen und Kämpfe.

Die Mutter einer achtjährigen Tochter versuchte, ihr klarzumachen, daß bestimmte Kleider zu bestimmten Gelegenheiten getragen werden, d. h. „gute Kleider" in der Kirche und bei Festlichkeiten, Schulkleider in der Schule und bei gewöhnlichen Gelegenheiten und Spielkleider beim Spielen.

Reden, Zanken und Schimpfen halfen nicht; also beschloß die Mutter, der Natur ihren Lauf zu lassen. Die Tochter trug weiter ihre guten Kleider in der Schule und beim Spielen. Eines Sonntags bat sie ihre Mutter, ein gutes Kleid zu waschen, damit sie es am Nachmittag zu einer Geburtstagsfeier anziehen könne. Die Mutter weigerte sich und sagte, sie hätte zu viele andere Dinge zu tun.

„Aha", dachte Mutter, „jetzt wird sie endlich lernen, ihre guten Kleider zu schonen." Aber es wirkte nicht. Das Mädchen ging in Spielkleidung zur Feier, amüsierte sich großartig und war überhaupt nicht befangen. Nur die Mutter war bestürzt.

Die logische Folge versagte in diesem Fall, weil die Mutter sie als Trick benutzte, indem sie hoffte, das Kind würde sich schämen und demnächst die richtigen Kleider zur richtigen Gelegenheit anziehen. Das Mädchen erkannte genau, wie Kinder es meistens tun, die Absicht seiner Mutter und strafte sie weiter durch falsches Anziehen. Die Mutter handelte richtig, als sie nicht mehr zankte und schimpfte, aber anstatt unbeteiligt zu sein, wartete sie auf den kritischen Augenblick, wo das Kind seinen Irrtum einsehen sollte. Es ist klar, daß die Meinung des Mädchens über das, was es tragen wollte, von seinem Widerstand gegen die Mutter und deren Maßstäbe diktiert war. Die Reaktion der Mutter in der gegebenen Lage weist auf die Fortsetzung der Gegnerschaft und des Kampfs hin. In einem solchen Klima entarten logische Folgen sofort in feindselige Handlungen.

Richard, 5 Jahre alt, war eine Nervensäge, ein Tyrann. Immer, wenn Mutter nicht tat, was er wollte, strafte er sie, indem er sie demütigte oder seinen kleinen Bruder schlug. Ihn aus dem Bett zu bekommen war eine Staatsaktion, außer natürlich an Sonn- und Feiertagen, wo er nicht nur von selbst, sondern auch noch sehr früh aufstand. Seine Ansicht über richtige Kleidung war einfach: er zog am liebsten seine neuesten und besten Sachen im Kindergarten an. Wenn Mutter sie ihn anziehen ließ, tat er es selbst; wenn nicht, weigerte er sich, sich anzuziehen, und Mutter mußte es besorgen – was sie tat, um ihn rechtzeitig in den Kindergarten zu bekommen. In Wirklichkeit hätte sie Richard leicht bewegen können, sich rechtzeitig anzuziehen, denn er ging sehr gern in den Kindergarten und hätte ihn bestimmt nicht gern versäumt.

In manchen Fällen kann man den Frühstückshunger des Kindes benutzen, um es zum Anziehen zu bewegen. In diesem Fall aber wollte Richard auch nicht essen und mußte immer noch von seiner nachsichtigen Großmutter gefüttert werden. Die Mutter reagierte gut, als man ihr ihre Schwierigkeiten erklärte und ihr ein Verfahren empfahl, das Erfolg versprach. Es stellte sich heraus, daß sich, als sie sich aus jedem Konflikt am Morgen heraushielt, das ganze Verhältnis zwischen ihr und ihrem Sohn veränderte. Daß sie sich von seiner morgendlichen Tyrannei frei machte, war der erste Schritt, ihn der Macht zu berauben, die er über sie gehabt hatte.

In vielen Fällen ist das Ende der Auseinandersetzungen und Kämpfe am Morgen der erste Schritt zur allgemeinen Besserung. Anstatt zu versuchen, ihre eigne Macht durchzusetzen, ließ Richards Mutter ihn die Macht und den Druck der Wirklichkeit erfahren, die selbst ein so machttrunkenes Kind zu achten lernen kann.

Frank, 10 Jahre alt, verlegte dauernd seine Schuhe. Die andern Familienmitglieder mußten sich an der Suche beteiligen, denn wenn sie gewartet hätten, bis Frank sie fand, wären sie alle zu spät zur Schule gekommen. Schließlich beschloß man gemeinschaftlich, daß Frank selbst auf seine Schuhe aufpassen und sie auch selbst finden mußte. Vater würde zur Schule fahren, und wenn Frank seine Schuhe bis dahin nicht hatte, sollte er suchen, bis er sie gefunden hatte. Dann sollte Mutter ihn zur Schule fahren. Beim erstenmal konnte er seine Schuhe nicht finden und merkte, daß Vater und die übrigen Kinder ohne ihn abfuhren. Er weinte und suchte weiter. Als er erkannte, daß ihm Weinen weder Beachtung noch seine Schuhe einbrachte, beschloß er, sie zu finden. Er kam zu spät zur Schule, aber danach verlegte er seine Schuhe nicht mehr.

Obwohl die Anwendung der Folgen den Jungen veranlaßte, besser auf seine Schuhe aufzupassen, fragt man sich, was für Mittel er wohl sonst noch gebraucht hat, um seine Familie zu beschäftigen. Man hat den Eindruck, daß nur eine bestimmte Verhaltensform sich geändert hat, weil die Anfangsantwort des Kindes, als er nicht bedient wurde, in Weinen bestand. Ein Kind, das seine „Wasserschleusen" benutzt, erregt meist erfolgreich das Mitleid der andern. Mutter wird daher sehr darauf achten müssen, sich aus seinen Problemen herauszuhalten und die Folgen auch auf andre Episoden als die der verlorenen Schuhe anzuwenden. An dem folgenden Fall ist interessant, daß die Eltern ehrlich versuchten, logische Folgen anzuwenden. Aber bei jeder Wendung der Ereignisse kam ein Machtkampf zum Vorschein; jede neue Folge ergab einen neuen Akt des Widerstands des Mädchens. Hier der Bericht der geplagten Mutter.

Else war aus ihren Kleidern herausgewachsen, und man hatte neue für die Schule gekauft. Sie trug eins einmal und kam schmutzig heim, mit Fettflecken und Schmutz vom Spielplatz. „Ich kann das doch noch einmal tragen, bevor es gewaschen wird, nicht wahr, Mutter?" Mutter hatte den Eindruck, daß Else ihr in Wirklichkeit nur zeigen wollte, wie schmutzig sie war. Die Angelegenheit, daß sie sich so schmutzig machte, war bei einem Familienrat ausführlich behandelt worden, und Else hatte zugegeben, daß sie sich vielleicht mehr als nötig an wilden Spielen beteiligte. Sie hatte versprochen, vorsichtiger zu sein. Aber jetzt war sie in widerspenstiger Stimmung. „Schätzchen, wenn es dir nichts ausmacht, wie du aussiehst, mir schon lange nicht. Aber ich seh' nicht ein, warum mehrere Kleider schmutzig werden sollen. Also trag dies weiter." Mutter nahm alle Kleider aus dem Schrank. Else brach in Tränen aus. „Ich kann auf meine Kleider aufpassen, ganz bestimmt." Jetzt griff Vati ein. „Wir werden das beim nächsten Familienrat besprechen." Else brachte sofort das Gespräch darauf, als der Rat einige Tage später einberufen worden war. „Können wir über meine Kleider sprechen?" Mutter sagte: „Was ist damit?" „Ich möchte meine Kleider zurückhaben. Wie kann ich dir zeigen, daß ich auf sie aufpassen kann, wenn ich keine habe?" Mutter antwortete: "Ein Punkt für dich. Willst du es wieder versuchen?" Else sagte: "Ja. Ich brauch' mich nicht so schmutzig zu machen." Die Kleider wurden zurückgegeben. Während der vier Tage jedoch, bevor sie zurückgegeben worden waren, hatte sich Else die Hände nicht gewaschen, bevor sie den Tisch deckte. Am ersten Abend merkte Mutter es erst, als sie fast fertig gegessen hatten. Vati sah es zur selben Zeit. "Wenn du schmutzige Hände vorziehst, kannst du nicht mit uns am Tisch sitzen." Else ging hinaus, und ihr Teller wurde weggenommen. Sie kam zurück, aber als sie das sah, ging sie feierlich ohne ein Wort wieder hinaus. Am folgenden Tag kam sie mit schmuddeligen Händen in die Küche. Mutter sagte: "Else, solange du schmutzige Hände hast, darfst du nicht in die Küche kommen." Sie kam sauber gewaschen zurück. Am nächsten Tag die gleiche Geschichte und so fort, bis sie ihre Kleider zurückbekommen hatte.

Das war gewiß ein Spiel gegenseitiger Vergeltung. Elses Kleid war schmutzig, also nahm die Mutter die andern Kleider weg; Else weigerte sich, die Hände zu waschen, und wurde aufgefordert, den Tisch zu verlassen; Else ging mit schmutzigen Händen in die Küche und wurde hinausgewiesen. Die Else auferlegten Folgen waren logisch, aber unwirksam, weil sie in einem Machtkampf angewandt wurden; sie bewirkten also nichts und führten zu noch mehr Herausforderung und Widerstand.

Es war eine logische Folge, Else die sauberen Kleider zu entziehen, solange sie sich schmutzig machte. Die Mutter hatte recht mit der Aussage, daß, wenn Else es nichts ausmache, wie sie aussah, es ihr noch weniger ausmache. Aber meinte sie das wirklich? Ihre Handlung, die Kleider aus dem Schrank wegzunehmen, war feindlich, ohne Überlegung getan, als sie ärgerlich war und Else bestrafen wollte. Logische Folgen wirken nur, wenn bei keinem der Schritte Ärger und Bosheit im Spiel sind.

Verantwortung für Kleidung, Spielzeug, Bücher

Ein betrüblicher Mangel der Kinder ist ihr nachlässiger und unachtsamer Umgang mit ihren Sachen. Wenige Eltern verstehen es, mit diesem Problem fertig zu werden. Deshalb reagieren sie, wenn sie gereizt werden, gewöhnlich schnell und impulsiv.

Meist können sie eine offensichtliche Mißachtung der Ordnung nicht vertragen. Die meisten Familiengespräche – oder besser -auseinandersetzungen – drehen sich um Verletzung der Ordnung. Auf diesem Gebiet ist die Anwendung von logischen Folgen höchst wichtig. Herbert Spencer, der vor etwa 100 Jahren die Wirksamkeit der logischen Folgen beschrieben hat, schlug ein besseres Verfahren an Stelle der vorherrschenden Anwendung von Strafen vor.

Wenn ein Kind sich weigert oder versäumt, die Sachen, die es herumliegen läßt, aufzuräumen, und daher die Arbeit einem andern zufällt, sollte man ihm beim nächsten Mal die Möglichkeit nehmen, solche Arbeit zu verursachen. Wenn es seine Spielzeugkiste haben will, sollte die Mutter ihm antworten: „Das letzte Mal hast du deine Spielsachen auf dem Boden herumliegen lassen, und Hanne mußte sie aufheben. Hanne hat zu viel zu tun, um jeden Tag die Sachen wegzuräumen, die du liegengelassen hast, und ich selbst kann es auch nicht. Wenn du also deine Sachen nach dem Spielen nicht wegräumen willst, kann ich sie dir nicht geben."

Manche Eltern haben viele Vorkehrungen entdeckt, die das Kind als logische Folge beeindrucken und es veranlassen, sich zu bessern, ohne daß es sich unterdrückt oder hintergangen fühlt. Es ist der Druck der Wirklichkeit, der den größten Einfluß auf das Kind ausübt. Aber man muß sich vor Ärger oder dem Geist der Vergeltung hüten, sonst wird die Anwendung der logischen Folgen versagen. Hier eine Situation mit logischen Folgen, wo der Gedanke richtig ist, nicht aber die Ausführung.

Es war nicht schwer, Norbert, 7 Jahre alt, jeden Abend zum Baden oder Duschen zu bewegen, aber er pflegte einen Haufen Kleidungsstücke und Handtücher auf dem Fußboden des Badezimmers zurückzulassen, und wiederholte Mahnungen, sie wegzulegen, hatten keinen Erfolg. Schließlich häuften sich schmutzige Kleidungsstücke mehrere Tage in einer Ecke des Badezimmers, bis er eines Tages keine sauberen mehr hatte. Mutter erklärte ihm, nachdem Stöhnen und Murren verstummt waren, daß er nun wirklich nicht erwarten könne, saubere Kleidungsstücke zu haben, wenn er die schmutzigen nicht zum Waschen in den Wäschekorb legen wollte.

*Einen Monat später warf Norbert ziemlich regelmäßig seine
Kleidungsstücke in den Wäschekorb. Er hängte seine Handtücher immer noch nicht auf, aber es gab doch wenigstens eine Besserung.*

Eltern, die logische Folgen anwenden, haben oft bis zu einem
gewissen Punkt Erfolg, halten aber den Kampf nicht völlig
durch. Wenn Norbert seine schmutzigen Kleidungsstücke nur
„ziemlich" regelmäßig wegräumt, wartet er immer noch darauf,
von der Mutter erinnert zu werden. Und warum kann er nicht
genauso für die Handtücher sorgen? Da in seiner Nachlässigkeit
selbst kein Vorteil liegt (es kann ihm ja kein Vergnügen machen,
sich mit einem schmutzigen Handtuch abzutrocknen), muß man
annehmen, daß er sich schlecht benimmt, um die Aufmerksamkeit seiner Mutter zu gewinnen. Aus dem, was das Kind tut, kann
man immer klar erkennen, was die Eltern tun. Das gehört zusammen wie die zwei Teile eines Zwiegesprächs.
  Das folgende Beispiel zeigt deutlich, daß ohne viel Reden und
Ermahnen gehandelt wurde. Das macht die Folge wirksam.

*Eine Familie hatte Last damit, daß im ganzen Haus Sachen
unordentlich liegenblieben. Bei einer Sitzung des Familienrats
wurde beschlossen, daß jedes Familienmitglied jeden Abend vor
dem Schlafengehen nachsehen sollte, ob alle seine Sachen am
richtigen Platz waren. Wenn irgendein Gegenstand an der falschen Stelle liegengelassen wurde, etwa ein Buch, das ins Regal
gehörte (und nicht auf den Fußboden des Wohnzimmers), oder
ein Rock, der in den Schrank gehörte (und nicht über eine Stuhl-
lehne gehängt), dann sollte dieser Gegenstand von der Mutter
eingesammelt und in eine Kiste im elterlichen Schlafzimmer gelegt werden. Und jeder Gegenstand in der Kiste sollte dem Eigentümer erst am nächsten Sonntag beim Familienrat wieder ausge-
händigt werden. Nach diesem Beschluß brauchten nur wenige
Gegenstände in die Kiste gelegt zu werden.*

Wir wollen dieses Verfahren mit einem andern von einer
Mutter berichteten vergleichen.

*In der Familie herrschte die Vorschrift, daß alle zu waschenden
Kleidungsstücke mit der richtigen Seite nach außen, aufgeknöpft
und mit geleerten Taschen weggelegt werden mußten. Wenn die*

Vorschrift nicht befolgt wurde, mußte der Eigentümer seine Sachen selbst waschen.

Im häuslichen Klima, von dem hier berichtet wird, herrscht eine Art Kasernenton: alle Kleidungsstücke „mußten", und der Eigentümer „muß sie selbst waschen". Solche Befehle sind geeignet, das Beispiel als Anwendung von logischen Folgen zu entwerten. Die Mutter hätte sagen können, daß sie nicht bereit sei, die Kleidungsstücke zu waschen, wenn die richtige Seite nicht außen, sie nicht aufgeknöpft und die Taschen nicht geleert wären. Dann hätte es an jedem einzelnen gelegen zu entscheiden, was er tun wollte. Wenn aber dabei ein nachlässiges Kind sich geweigert hätte, die eignen Kleidungsstücke zu waschen, hätte es harte Worte, Tränen und verletzte Gefühle gegeben.

Hier ein typisches Beispiel dafür, wie logische Folgen zu einem Machtkampf führen können.

Ralf, 8 Jahre alt, ließ seine guten Kleidungsstücke im Zimmer verstreut liegen. Mutter hatte lange Zeit versucht, ihn dazu zu bringen, seine Sachen aufzuheben. Erschöpft nahm sie alles, was herumlag, und versteckte es. Am folgenden Sonntag konnte Ralf seine guten Sachen nicht finden. „Hallo, wo ist mein Sonntagsanzug?" Als man ihm sagte, man hätte ihn versteckt und er müsse in Schulkleidern zum Gottesdienst gehen, bekam er einen Wutanfall. „Ich hab' dir immer wieder gesagt, du solltest deine Sachen weghängen, Ralf. Nun laß dir das eine Lehre sein." „Dann geh' ich nicht in den Gottesdienst", schrie Ralf. „Aber sicher gehst du. Zieh dich an, du hast nicht mehr viel Zeit." „Ich will nicht, nein, ich will nicht." Mutter gab schließlich den Kampf auf. „Schön, wenn du versprichst, sie aufzuhängen, wenn du zurückkommst, will ich sie dir geben." „Bestimmt." Sie gab die Kleider her, und Ralf zog sie eilig an. Als er zurückkam, ließ er sie wie üblich herumliegen.

Das Verhalten der Mutter zeigt deutlich ihr Bemühen, Ralf zu bezwingen. Und wie gewöhnlich siegte er, und sie gab nach. Alle Grundprinzipien einer Konfliktlösung wurden verletzt. Erstens kämpfte die Mutter und gab nach. Zweitens erkannte sie nicht den Kernpunkt. Es handelte sich nicht darum, ob Ralf seinen Sonntagsanzug bekam; es war eine Frage persönlicher Beteiligung, wer gewinnen und wer verlieren würde. Drittens stimmte die Mutter unbewußt mit Ralf überein, daß sie ihn bedienen würde, wenn er nur lange und hart genug kämpfte. sie erkannte nicht, daß sie die Übereinstimmung ändern konnte, wenn sie ihre Kämpferrolle in dem Spiel änderte. Endlich gab es keine beiderseitige Entscheidung, keine gemeinsame Verantwortung; die Mutter entschied eigenmächtig, nachdem sie ärgerlich geworden war.

Da Unordnung ein Zeichen von Rebellion ist, macht sie Mütter böse. Aber solange eine Mutter den Kampf fortsetzt, gibt es keine Besserung. Das folgende Beispiel zeigt die Sackgasse, in die eine Familie geraten kann.

Gerda, 9 Jahre alt, saß am Tisch im Wohnzimmer. Wilma, 7 Jahre alt, saß auf dem Fußboden und schnitt Papierpuppen aus. Papierschnitzel lagen überall herum. „Macht sauber, wenn ihr fertig seid, Mädchen", bemerkte Mutter, als sie durchs Zimmer ging. „Ja, ja", antwortet Wilma ärgerlich. Ihr Gesicht zeigte deutlich, was sie dachte: „Jetzt geht das schon wieder los." Als Mutter das nächste Mal durchs Zimmer ging, saßen beide Mädchen vor dem Fernseher. Der Tisch war voller Papiere, und die Puppen und Schnitzel lagen verstreut auf dem ganzen Fußboden. „Macht aber bitte sauber, Kinder", ermahnte Mutter erneut. „Ja", kam es automatisch im Chor. Ein wenig später sah Mutter, daß die Mädchen etwas getrunken und ihre Gläser oben auf den Fernseher gestellt hatten. „Um Himmels willen, wollt ihr denn nie aufräumen? Seht euch die Unordnung an, die ihr gemacht habt." „Ja, ja", sagte Gerda gereizt, „wir werden's schon machen!"

Nicht lange danach fand Mutter Gerda lesend auf ihrem Bett und Wilma draußen spielend. Das Wohnzimmer war ein Trümmerfeld. Sie rief Wilma und schrie ärgerlich: „Fangt endlich an und räumt auf. Wir haben heute abend Besuch; ihr wißt, daß das Zimmer anständig aussehen soll. Warum könnt ihr nicht aufräumen, wenn ihr fertig seid? Bevor ihr etwas andres tut, sollt ihr aufräumen. Ihr wißt das doch." Mutter predigte immer weiter. Gerda und Wilma räumten mürrisch auf, während Mutter dabeihockte.

In dieser Lage gibt es auch nicht die geringste Spur von gegenseitiger Achtung. Beide Seiten zeigen ihre Verachtung. Die Mutter ist nicht verpflichtet, hinter ihnen her aufzuräumen, hinter ihnen herzulaufen und ihnen zu gestatten, sich ihrer zu bedienen. Um die Achtung ihrer Töchter zu gewinnen, muß die Mutter entscheiden, was *sie* tun will. Eine Mutter kann Ungehorsam in einem Kind am besten einschränken, wenn sie nein sagen kann. Sie kann Erfolg haben, wenn sie nicht redet, sondern still handelt. Solange sie redet, ist sie versucht zu kämpfen. Was hätte die Mutter in dem obigen Beispiel tun können? Sie brauchte den Mädchen nicht zu sagen, was sie tun sollten, das wußten sie schon, und sie erwartete auch gar nicht, daß sie auf sie hörten. Sobald die Mädchen mit dem Fernsehen begannen, mußte sie handeln. Sie hätte das Gerät abstellen müssen und sicherstellen, daß es nicht wieder angestellt wurde, bevor die Unordnung beseitigt war. Außerdem hätte sie den Mädchen Brote, Getränke und Spielen verweigern müssen, bis sie das Zimmer gesäubert hatten. In einer solchen Lage werden die Mädchen wahrscheinlich mitarbeiten, wenn die Mutter ruhig, fest und still bleibt. Die Gefahr besteht darin, in eine Auseinandersetzung verwickelt zu werden, denn die Mädchen werden versuchen, sich an der Verpflichtung zum Aufräumen „vorbeizureden". Die meisten Eltern fallen auf verbale Herausforderung herein und lassen sich in fruchtlose Auseinandersetzungen verwickeln.

Manchmal entdecken Eltern drastische Mittel, um ihrem Kind den Segen der Ordnung bewußtzumachen.

Ruth, 8 Jahre alt, hatte Kleider und Spielsachen über den ganzen Fußboden verstreut. Vater und Mutter beschlossen, selbst alle Kleider und Arbeitsgeräte, Bücher oder alles Geschirr, das sie gebraucht hatten, herumliegen zu lassen, wo es sich gerade befand. Ihre kleine Wohnung wurde so unordentlich, daß sie auf dem Wohnzimmertisch nicht einmal mehr Platz genug zum Essen hatten. Als Ruth Hunger bekam, sagte Mutter, daß sie auch Hunger hätte, bot aber keine Lösung des Problems an. Nach verwirrtem Schweigen erkannte Ruth, daß auf dem Tisch kein Platz war; sie fing also selbst an, Platz zu schaffen, so daß die Familie essen konnte. Nach ein paar Tagen geriet Ruth völlig außer Fassung über die Unordnung und bat ihre Mutter, ihr zu helfen, alles ordentlich zu machen. Von da ab wurde sie ohne weiteren Ansporn und ohne Auseinandersetzungen ganz ordentlich.

Häusliche Arbeiten

Seine Sachen ordentlich wegzulegen ist nur ein Gebiet, auf dem das Kind zum Wohl der Familie beitragen kann. Im allgemeinen nehmen die Eltern die ganze Verantwortung für einen angemessenen Ablauf des Haushalts auf sich, und die Kinder tun und lassen, was sie wollen. Diese selben Eltern finden sich, wenn sie ihren Kindern Ordnung und Mitarbeit beibringen möchten, auf verlorenem Posten. Sie müssen lernen, wie man die Kinder anregen kann, Ordnung zu halten und Verantwortung zu übernehmen. Das Mittel dazu ist nicht, sie Verantwortung zu lehren, sondern sie ihnen zu geben. Das bedeutet, daß die Eltern Verantwortung teilen müssen. In der folgenden Lage lernt das Kind, was nur wenige Kinder erfahren, daß nämlich Ordnung sowohl zu ihrem Wohl wie zu dem der andern Familienmitglieder beiträgt.

Hans, der nicht nur nicht für seine Sachen sorgen wollte, sondern sich auch weigerte, irgendeine Verpflichtung für die Familie auf sich zu nehmen, machte eine typische verächtliche Bemerkung, als Mutter ihn bat, den Abfalleimer hinauszubringen, was er zu tun versprochen hatte. „Warum muß ich immer was tun?" Woraufhin Mutter ihn zu einer kleinen Unterhaltung einlud. „Wie wär's denn, wenn du einmal eine ganze Woche lang tun dürftest, was du willst, ohne alle Pflichten?" Hans traute seinen Ohren nicht. Natürlich möchte er das. (Es ist wohl der Traum eines jeden richtigen Jungen, tun zu können, was er will.) „Meinst du das ehrlich? Ich brauch' nichts wegzubringen? Ich brauch' mir vor Tisch nicht die Hände zu waschen? Ich brauch' nicht zu baden und keinen Abfalleimer wegzubringen?" Mutter bejahte: „Wenn du es eine Woche lang tun willst, soll es mir recht sein. Aber es ist eine Bedingung dabei." (Hans wußte ja, daß es einen Haken geben mußte; es war zu schön, um wahr zu sein.) „Wenn du darfst, muß ich natürlich das gleiche Recht haben, oder was meinst du?" Was für eine dumme Frage, dachte Hans. Mutter tut doch sowieso immer, was sie will, warum braucht sie eine besondere Erlaubnis? So waren sich beide einig, und der Junge ging glücklich zu Bett und freute sich auf eine Woche völliger Freiheit. Als er am nächsten Morgen herunterkam, wartete kein Frühstück auf ihn. Er rief seine Mutter, die noch zu Bett lag, und fragte nach dem Frühstück. Mutter sagte ihm, sie habe keine Lust aufzustehen. Er könne sich selbst bedienen, wenn er wolle. Es war zwar nicht ganz angenehm, sich das Frühstück selbst zu bereiten, aber doch nur ein kleiner Preis für die Freiheit. Als er zum Mittagessen kam, war nichts fertig. Mutter sagte ihm, daß sie zu einer Freundin zum Essen ginge. Und den ganzen übrigen Tag lang war sie, immer wenn etwas getan werden mußte, mit etwas anderm beschäftigt. Sie hatte keine Lust, Hans zu einem Gruppentreffen zu fahren oder einen Knopf anzunähen oder etwas für ihn zu bügeln usw.

In einer Familie hatte jeder beim Mittagessen bestimmte Aufgaben: Tischdecken, Abräumen, Geschirrspülen. Susi, die Jüngste, 9 Jahre alt, weigerte sich, ihre Arbeit zu tun. In einem Familienrat wurde beschlossen, daß sie nicht mit der Familie essen dürfe, wenn sie ihre Arbeit nicht tun wollte. Sie aß zu einer andern Zeit an einem getrennten Tisch. Jeden Tag hatte sie die Wahl, ihre Arbeit zu tun oder getrennt zu essen. Sie entschied sich dafür, allein zu essen, und zwar eine Woche lang. Schließlich aber wollte sie wieder mit der Familie essen und ihre Arbeit tun. Und sie blieb dabei.

Wenn man die vier Grundsätze der Konfliktlösung in einem demokratischen Verfahren benutzt, kann man bestimmen, was richtig und was falsch war. Dieses Beispiel zeigt eine eigenartige Mischung von beiden. Anstatt täglich zu streiten, zu mahnen und zu bitten, entschloß sich die Familie zu einem bestimmten Verfahren. Die Folge wurde gesetzt, so daß es immer an Susi lag, ob sie sich ihr anpassen wollte. Aber hier erhebt sich die Frage: War der Streitpunkt erkannt? Und nahm Susi an der Entscheidung teil? Offensichtlich befand Susi sich in einem Machtkampf. Sie weigerte sich nicht nur, zu tun, was man von ihr erwartete, sie ertrug sogar, als die Folge mit ihren unangenehmen Wirkungen in Kraft trat, lieber diese, als nachzugeben. Sie brauchte eine ganze Woche, um zu erkennen, daß ihre Familie nicht einlenken würde und daß es daher unsinnig wäre, einen nutzlosen Kampf fortzusetzen. Sie gab nach, weil die Familie nicht bereit war, sich zu beteiligen. Aber die Familie hatte die Folge offensichtlich als Straf- und Vergeltungsmaßnahme auferlegt. Das war eine gewaltsame Art, Susi zu zeigen, daß sie nicht zur Familie gehörte, wenn sie ihre Arbeit nicht tat. Jedoch lag ein versöhnendes Element in dieser Anwendung logischer Folgen darin, Susi die Entscheidung treffen zu lassen, ob sie mit der Familie essen wollte. Sie verstand die Bedingungen, unter denen sie sich wieder mit ihr vereinen konnte.

In unserer kulturellen Verfassung neigen die Eltern dazu, sich Verantwortung aufzuladen. Selbst solche Eltern, die aufrichtig bemüht sind, sich aus dem Kampf herauszuhalten und die Lage selbst wirken zu lassen, schwanken und lassen sich weiter hineinziehen. Man muß außerordentlich vorsichtig sein, wenn man nicht der Versuchung der Herrschaft erliegen will.

Doris, Hanne und Barbara, 10, 11 und 12 Jahre alt, waren sich einig, daß jede während der Sommerferien das Geschirr einer Mahlzeit spülen wollte. Zuerst klappte das gut, und sie wechselten sich nach dem Frühstück, dem Mittag- und dem Abendessen ab. Aber bald fingen sie an, das Spülen immer mehr hinauszuschieben, bis schließlich das Geschirr von der letzten Mahlzeit noch nicht fertig war, wenn es Zeit für die nächste war. Die Familie erörterte das Problem und beschloß, daß diejenige, die für nicht gespültes Geschirr verantwortlich war, auch das der nächsten Mahlzeit übernehmen sollte, da es unmöglich war, festzustellen, welches von den Mädchen für jede Mahlzeit verantwortlich war. Eine natürliche Folge wäre gewesen, die nächste Mahlzeit nicht zu bereiten, wenn das Geschirr schmutzig war. Aber das ging nicht, denn während der Schulzeit, wenn die Mädchen nicht zu helfen brauchten, spülte Mutter gewöhnlich nur einmal am Tag. Und das wußten die Mädchen. In der Folge gab es kein aufschieben mehr beim Spülen.

Wieder sehen wir, wie nahe die Mutter der Abgabe von Verantwortung an die Kinder kam, es aber dann doch nicht zuwege brachte. Es ist offensichtlich, daß sie sie zu sehr beschützte. Warum waren die Mädchen während der Schulzeit nicht für das Geschirr verantwortlich? Warum konnte die Mutter ihre Kinder die Wirkung ihrer Nachlässigkeit nicht selbst erfahren lassen, ohne sich einzumischen? Schließlich war es nicht ihre Aufgabe, eine Lösung herbeizuführen. Wenn die Mädchen mit ihrem Tun unzufrieden waren, lag es bei ihnen, zu entscheiden, was getan werden mußte. Die Bestimmung, daß jedes Mädchen, das für das Geschirr einer Mahlzeit verantwortlich war, auch das der nächsten spülen mußte, wenn es das der vorigen nicht gespült hatte, war willkürlich. Irgend jemand sitzt auf dem Richterstuhl. Aber

94

trotz all dieser Schwächen hatte das Verfahren Erfolg, weil ein neuer Ablauf der Dinge eingeführt wurde, der Auseinandersetzungen und Zank ausschloß. Das ist schließlich wesentlich für die erfolgreiche Anwendung logischer Folgen.

Lisbeth, 15 Jahre alt, kochte und backte gern und gut. Das war für Mutter eine große Hilfe, da sie erst nach 17 Uhr von der Arbeit nach Hause kam. Sobald jedoch die Vorbereitungen und das Backen zu Ende waren, wurde das schmutzige Geschirr für Lisbeth eine Riesenaufgabe. Wenn Mutter sie ständig mahnte, stellte sie das Geschirr ins Becken zum Aufweichen, tat sich aber schwer mit Spülen, Abtrocknen und Wegräumen. Mutter erkannte bald, daß Schelte keinen Zweck hatte. Sie merkte, daß sie mehrere Möglichkeiten hatte, mit dem Problem fertig zu werden. Erstens konnte sie das Geschirr in der Spüle lassen und die andern Mahlzeiten drumherum zubereiten. (Das würde kaum der Beginn einer glücklichen Mahlzeit sein.) Zweitens konnte sie Lisbeth anbieten, ihr zu helfen. (Mutter spürte, daß Lisbeth dann nie lernen würde, es allein zu tun, und Mutter würde Teil ihres Plans werden.) Drittens konnte Mutter Lisbeth die Benutzung der Küche verbieten. Viertens konnte Mutter um eine Familienratssitzung bitten, wo man die Angelegenheit erörtern und mögliche Lösungen suchen konnte.

Es gab eine solche Sitzung. Alle Familienmitglieder wünschten, daß Lisbeth weiter backte, weil die Ergebnisse so zufriedenstellend waren. Sie sagte, sie hätte gar nicht gemerkt, daß Mutter sich so über die unaufgeräumte Küche geärgert hätte. Sie bat darum, weiter backen zu dürfen, und meinte, es wäre wohl am besten, wenn sie unmittelbar danach alles säubern würde.

Als Lisbeth das nächste Mal backte, war der Kuchen wunderbar, aber der schmutzige Mixer stand zusammen mit den übrigen schmutzigen Sachen neben dem Kuchen. Mutter erinnerte sie an den Familienbeschluß. Sie sagte, sie habe vor, „gleich" anzufangen. In der Zwischenzeit bereitete Mutter die übrige Mahlzeit.

Als es Zeit für den Nachtisch war, brachte Mutter Obst herein. Lisbeth war verwirrt und enttäuscht, daß nicht ihr Kuchen aufgetischt wurde. Mutter sagte, sie habe sich für einen andern Nachtisch entschieden, weil Lisbeth ihren Teil des Abkommens nicht eingehalten hatte. Es wurde nicht mehr darüber gesprochen.

Mehrere Tage später fing Lisbeth wieder an zu backen. Nach-

dem die Törtchen fertig waren, spülte sie, trocknete ab und räumte alle Schüsseln und Töpfe weg. Sie stellte sicher, daß ihr Nachtisch aufgetragen wurde.

All das geschah vor mehreren Jahren. Obwohl das Ergebnis schließlich gut war (Lisbeth liebt das Kochen und macht willig alles wieder sauber), weiß die Mutter jetzt die Schritte, die sie hätte unternehmen müssen. Es war nämlich ihr Beschluß, nicht der der Familie, den Kuchen durch einen andern Nachtisch zu ersetzen. Sie wandte eine Strafe an, indem sie den Kuchen zurückhielt.

Die Mutter hat einen Fehler erkannt, aber es gab noch andre. Zuerst berief sie einen Familienrat ein, um Lisbeths Problem zu erörtern, aber es ist nicht richtig, den Familienrat nur einzuberufen, wenn etwas schiefgeht. Sitzungen sollten regelmäßig abgehalten werden und nicht, wenn Vater oder Mutter sich gerade über eine besondere Sache ärgern. Zweitens war es nicht notwendig, Lisbeth an den Familienbeschluß zu erinnern. Drittens war es falsch, daß die Mutter um das Geschirr herumarbeitete: die natürliche Folge einer unordentlichen Küche mit schmutzigem Geschirr ist, daß sie nicht benutzt werden kann. Viertens braucht es für Lisbeth nicht selbstverständlich zu sein, daß sie Geschirr spülen muß, weil sie gekocht hat. Spült ihre Mutter immer, wenn sie gekocht hat? Lisbeth sollten im Familienrat zwei Möglichkeiten zur Wahl gestellt werden: entweder sie backt und macht sauber, oder sie backt überhaupt nicht. Wenn einmal ein Beschluß gefaßt ist, in diesem Fall Lisbeths Übernahme der Verantwortung für das Spülen nach dem Backen, sollte bis zum nächsten Familienrat nichts mehr gesagt werden. Das wäre ein demokratisches Verfahren, bei dem die Folgen der vernachlässigten Verantwortung der ganzen Familie klarwerden. dann würde Lisbeth die Folgen erkennen und entsprechend handeln. Es bleibt eine letzte Frage: Warum hatte ein falsches Vorgehen gute Ergebnisse? Es handelte sich nicht nur um eine willkürliche Strafe. In der Handlung der Mutter gab es einen rettenden Anker. Sie handelte, ohne zu reden. Und gerade dieses Nichtreden beeindruckt Kinder.

Kinder können auf manche Weise beeinflußt werden, Verantwortung zu übernehmen, ob es sich nun ums Spülen handelt oder um eine andre häusliche Arbeit. Die Weigerung zu kochen, wenn das Geschirr nicht abgewaschen und die Küche schmutzig ist,

ist eine der einfachsten Arten, Kindern die Logik der Lage vor Augen zu führen. Im folgenden Beispiel sehen wir eine besondere Abart dieser Methode.

Mit Hilfe des Familienrats war ein System der Verteilung häuslicher Arbeiten hergestellt worden. In den meisten Fällen erfüllten Grete und Gloria ihre Pflichten einigermaßen gut außer Tischabräumen und Spülen, was sie beide höchst ungern taten. Weil diese Aufgabe gewöhnlich auf sie zukam, wenn ihre Lieblingsfernsehsendungen liefen, verfielen sie auf den Ausweg, diese Arbeit während der Werbesendungen oder der Sendepausen zu verrichten. Das führte manchmal dazu, daß sie noch nicht fertig waren, wenn es Zeit zum Schlafengehen war, und mehr als einmal mußte Mutter sie an ihre Arbeit erinnern, bevor sie zu Bett gingen.

Nachdem sie überlegt und mit ihrem Mann, der dem Versuch zustimmte, gesprochen hatte, beschloß Mutter, sich ein Beispiel an ihren Töchtern zu nehmen und das Abendessen während der Werbesendungen zu bereiten. Sie wählte einen Abend mit ihren Lieblingssendungen, und an diesem Abend waren es zufällig drei. Obwohl die Kinder über Hunger klagten, antwortete Mutter nur, daß sie das Essen bereiten würde, sobald die Umstände es erlaubten. Um $^1/_2$ 11 Uhr war es endlich fertig. Von da an gab es zwischen den Mahlzeiten und dem Spülen nur noch wenig Pausen.

Die Idee der Mutter war gut, hatte aber doch einige Haken. Warum mußte sie Grete und Gloria daran erinnern, ihre Arbeit vor dem Schlafengehen zu tun? Sie gab ihnen eine Lehre, aber nur einmal; folglich gab es immer noch Pausen zwischen den Mahlzeiten und dem Spülen. Obwohl die Mutter sich in der richtigen Richtung bewegte, indem sie Zank schweigend durch Handlung ersetzte, war sie doch immer noch beteiligt.

Mutter hatte es sich angewöhnt, den größten Teil des Samstags damit zu verbringen, mit den Kindern herumzuzanken, bis sie ihre im Familienrat festgesetzten Pflichten erfüllt hatten. Als sie merkte, was sie tat, brachte sie die Angelegenheit vor den nächsten Familienrat. Sie sagte, daß das Zanken sie krank mache, es verursache dauernde Reibungen in der Familie. Sie fragte, ob die Familie gemeinsam eine Lösung des Problems finden könne.

Nach vielem Hin und Her beschloß man, daß Mutter die Ver-
antwortung nicht einmal mehr erwähnen sollte, aber daß alle Ar-
beiten am Samstag bis vier Uhr nachmittags erledigt sein mußten.
Den Kindern wurde es freigestellt, ob sie es vor- oder nachmittags
tun wollten.
  Am folgenden Samstag machten sich drei der Kinder fröhlich
an ihre Arbeit. Fritz aber, das jüngste Kind, beschloß, mit seinen
Freunden Fußball zu spielen. Dann sah er sich bis zum Mittages-
sen eine Fernsehsendung an. Er war es übrigens, mit dem Mutter
am meisten hatte zanken müssen, aber diesmal sagte sie nichts.
Um 2 Uhr beschlossen Vater und Mutter, die Kinder für ein paar
Stunden mit zum Strand zu nehmen. Sehr zum Mißvergnügen
von Fritz, denn er konnte nicht mit, weil er den Rasen noch nicht
gemäht hatte. Er fragte, ob er nicht bis Montag mit dem Mähen
warten könne, aber der Beschluß des Familienrats galt. Er blieb
zu Hause und mähte den Rasen, während die Familie zum Strand
ging. Am folgenden Samstag und auch danach sorgte Fritz dafür,
daß er erst seine Arbeit machte, bevor er Fußball spielte oder
fernsah.

Hier sehen wir, daß die Mutter die Verantwortung tatsächlich
mit der Familie teilte. Sie brachte ihr Problem vor den Familienrat und bat um Hilfe bei der Suche nach einer Lösung.
  Eine häufige Konfliktquelle ist, daß die Kinder ihre Zimmer
nicht in Ordnung halten wollen. Sie empfinden diese Arbeit als
Zumutung. Die Eltern haben viele Möglichkeiten, bei ihren Kindern den Willen zu stärken, ihr Zimmer in Ordnung zu halten.

Fred, 9 Jahre alt, weigerte sich, sein Zimmer sauberzuhalten.
Weder machte er sein Bett, noch räumte er seine Sachen fort,
so daß man sein Zimmer nicht betreten konnte, ohne auf etwas
zu treten. Nach endlosen Kämpfen und Drohungen, die natürlich
nutzlos waren, beschloß man, einen Familienrat zu bilden. Si-
cherlich war dabei Freds Unordentlichkeit nur eins der vielen
Probleme, die zu besprechen waren. Als der Rat Freds Recht auf
ein unordentliches Zimmer erörtert hatte, kam er zu dem Schluß,
daß es allein an ihm läge, ob er sein Zimmer wie einen Schweine-
stall haben wollte. Aber da er es so wollte, beschloß die Familie,
daß dann auch jeder alles, was irgendwo herumlag, in sein Zim-
mer legen könnte. Zuerst schien ihn das überhaupt nicht zu be-
rühren, aber nach ein paar Wochen fühlte er sich in seinem Zim-

mer so unbehaglich, daß er bat, ihm beim Säubern zu helfen. Von da ab war er sorgfältiger.

Mitfühlendere und zuvorkommendere Eltern hätten Fred diese Erfahrung ersparen können. Seine Mutter hätte sich weigern können, die Bettwäsche zu wechseln, solange sein Bett und sein Zimmer unordentlich waren. Oder sie hätte Fred anbieten können, ihm am Wochenende beim Saubermachen des Zimmers zu helfen, so daß es zusammen mit sauberer Wäsche jedes Wochenende in ordentlichem Zustand war.

Wenn auch Fred das Recht zugestanden wird, sein Zimmer zu halten, wie er es will, sollte eigentlich keiner von der übrigen Familie das Recht haben, die Unordnung noch zu vermehren. Da jedoch die Familie ruhig und ohne Streiten, Bitten und Drohungen verfuhr, hatte sie Erfolg.

Essen

Viele Eltern nehmen es als selbstverständlich hin, daß manche Kinder sich weigern zu essen; das ist unsinnig. Es gibt auf der Erde wahrscheinlich keine anderen Lebewesen, die sich weigern, Nahrung zu sich zu nehmen, außer unsern Kindern. Sie wollen lieber verhungern, wenn sie so die besondere Aufmerksamkeit der Eltern auf sich ziehen können. Die natürliche Folge der Weigerung eines Kindes zu essen ist, daß es hungrig ist; und die meisten Eltern spielen dem Kind in dieser Hinsicht in die Hand.

Erich, 7 Jahre alt, ein mittleres Kind, war sehr wählerisch beim Essen. Als Vater reichliche Portionen eines Fleischeintopfs, des Lieblingsgerichts der Familie, austeilte, kroch Erich auf seinem Stuhl in sich zusammen und sagte schlechtgelaunt: „Ich mag das Zeug nicht." „Erich, versuch's doch bitte", bat Mutter. „Du weißt, daß ich es nicht mag, wenn alles zusammengemanscht wird", jammerte Erich. „Ich ess' das einfach nicht." „Ist ja gut, ich mache dir ein Butterbrot." Erich spielte derweil mit seinem Messer. Vater und die andern Kinder beendigten ihre Mahlzeit und standen auf, während Mutter bei Erich blieb, der langsam sein Butterbrot aß.

Das ist ein typisches Beispiel. Der Mutter ist es nicht gelungen, das Kind zum Essen zu bewegen; vielmehr ist es dem Kind gelungen, die Mutter in seinen Dienst zu zwingen und *sie* für es tun zu lassen, was es will. Die einzige wirksame Antwort auf einen schlechten Esser ist, ihn völlig in Ruhe zu lassen.

Toni war zu einer Feier eingeladen. Augenscheinlich war er ein schlechter Esser. Alle Kinder waren schon fertig, nur Toni hatte noch seine volle Tasse Kakao vor sich und kaute ohne sichtbare Wirkung an einem Schnittchen herum. Seine Großmutter, die dabei war, erklärte, daß er oft eine Stunde zum Essen brauchte. Sie versuchte, ihn zu überreden. „Schämst du dich nicht, Toni? Alle andern sind schon fertig. Beeile dich." Die Gastgeberin bat sie, aus dem Zimmer zu gehen, und wandte sich dann an den Jungen. „Bei uns brauchst du nicht zu essen, wenn du nicht willst. Gib mir deine Tasse und dein Schnittchen." Sie tat so, als ob sie ihm beides wegnehmen wollte. Sofort faßte Toni mit beiden Händen zu und nahm einen großen Bissen von dem Schnittchen. Jetzt hatte er beide Backen voll, aber er konnte das Essen nicht herunterkriegen. Er hatte einfach keine Übung darin. Sie war hartnäckig. „Nein, das hat keinen Zweck. Ich sehe ja, daß du keinen Hunger hast. Komm, ich nehm's dir einfach weg, wenn du es nicht essen willst." In fünf Minuten waren Kakao und Schnittchen verzehrt, zum größten Erstaunen der Großmutter, die sich nicht erklären konnte, wie das zustande gekommen war.

Toni aß nicht ungern, aber er bestand darauf, es nach seiner Weise zu tun, was bedeutete, daß er seine Großmutter und wahrscheinlich auch seine Mutter beschäftigt hielt. Aber es bedeutete keineswegs, daß er sich das Essen von irgend jemand wegnehmen ließ. Für schlechte Esser, vor allem solche, die die Mahlzeiten benutzen, um Erwachsene zu tyrannisieren, ist es Ehrensache, ihr Essen zu verteidigen, wenn jemand es ihnen wegnehmen will. Dieser Widerspruch kann bei Kindern beobachtet werden, die lange Zeit nicht viel gegessen haben. Ärzte betrachten diese Schwierigkeit gern als Krankheit, die sie *anorexia nervosa* nennen. Sie schlagen alle möglichen Behandlungsarten vor, oft ohne Erfolg. Die Unfähigkeit des Arztes, die Gründe für das Nichtessen des Kindes zu verstehen, hindert ihn an der Anwendung wirksamer Folgen, die das Interesse des Kindes am Essen anregen könnten. Es erfordert beträchtlichen Mut und viel Überzeugung, um sich mehr der schädlichen Haltung des Kindes dem Essen gegenüber als seinem „Bedürfnis" nach Nahrung bewußt zu werden. Einer der schlimmsten Fälle war der folgende.

Hans war sieben Jahre alt, als seine Mutter ihn in unser Sommerlager brachte. Er war gerade vom Keuchhusten genesen. Er hustete und erbrach sich nicht nur, wenn er zu essen anfing, sondern auch, wenn er sich aufregte oder körperlich anstrengte. Er hatte so viel Gewicht verloren, daß er nur noch Haut und Knochen war. Die entsetzten Eltern hatten eine Schwester eingestellt, die ihn mehrmals am Tag fütterte. Sie mußte ihm buchstäblich jeden Bissen in den Mund zwingen. Jedes Füttern dauerte Stunden. Das Ergebnis war, daß er eine kleine Menge Nahrung schluckte, aber meist behielt er sie nicht bei sich. Ich war einverstanden, den Jungen aufzunehmen unter der Bedingung, daß die Eltern ihn zwei Wochen lang nicht besuchten und sich nicht nach Ab- oder Zunahme des Gewichts erkundigten. Die Eltern hatten schon alles versucht; es blieb ihnen nichts andres übrig, als einverstanden zu sein. Der Junge aß praktisch einige Tage lang nichts. Wenn man ihm etwas zu essen vorsetzte, schaute er es nur an. Niemand machte eine Bemerkung. (Eine Vorschrift, die schwer durchzusetzen war.) Nach einiger Zeit wurde der Teller weggenommen, und man bot ihm, den Anordnungen entsprechend, nichts anderes an. Er nahm nur Milch und Getränke zu sich, wenn sie auch den andern Kindern gereicht wurden. Es war schwer, zuzusehen, wie das Kind sich allmählich selbst zugrunde richtete, aber es war die einzige Möglichkeit, es zu heilen. Einige der weiblichen Mitarbeiter im Lager konnten es nicht ertragen und versuchten, ihm Extranahrung zu geben. Ich mußte jedem, der es tat, mit Entlassung drohen. Und der Plan zahlte sich aus.

Gegen Ende der ersten Woche fing Hans an, sich etwas Nahrung in den Mund zu stecken. Die folgende Geschichte beschreibt, wie er das tat.

Wir machten einen Ausflug. Ich gesellte mich nach etwa einer Stunde der Wanderung zu ihm und fragte, wie es ihm ginge. Er antwortete nicht. Das war merkwürdig, denn gewöhnlich war er ein freundlicher Junge. Ich suchte herauszufinden, was ihn bedrückte, konnte aber keine Antwort bekommen. Schließlich forderte ich ihn auf, den Mund zu öffnen.

Er gehorchte. Darin war ein Korinthenbrötchen, das er mehr als eine Stunde vorher beim Frühstück genommen hatte. Er hatte es in den Mund gesteckt, aber weder darauf gekaut noch es hinuntergeschluckt. Es dauerte zwei Wochen geduldigen Wartens, bevor er anfing, normal zu essen. Aber dann waren alle Schwierigkeiten vorbei, und er nahm rasch zu.

Wenn man Kindern helfen will, Sinn und Absichten zu ändern, darf man sich nicht durch ihre falschen Ziele täuschen lassen. Die ruhige Festigkeit ohne Kampf oder Nachgeben ließ das Kind die Nutzlosigkeit seiner Bemühungen erkennen.

Man muß sich die physische Reaktion vor Augen halten, wenn man zum Essen gezwungen wird. Der Magen ist auf die Nahrungsaufnahme nicht vorbereitet, wenn seine Verdauungsfunktion gestört ist. Umgekehrt kann die Aufhebung des Drucks zur Nahrungsaufnahme den Fluß der Magensäfte anregen. Die folgende Begebenheit zeigt das.

Eva, 4 Jahre alt, zeigte keine Lust, ihr Abendessen zu essen. Anstatt zu versuchen, es ihr aufzuschwätzen, sagten wir ihr, daß sie nichts zu essen brauchte. Sie würde jedoch auch nicht das Stück Schokolade bekommen, das wir ihr gewöhnlich vor dem Schlafengehen gaben. Sie saß da und dachte nach. Dann fragte sie, ob sie es noch einmal versuchen dürfte. Natürlich durfte sie. Nach ein paar Bissen rief sie plötzlich aus: „Komisch, auf einmal schmeckt es gar nicht mehr schlecht."

Einige Kinder nehmen sich vor, nur eine bestimmte Art von Speisen zu essen, wie in dem folgenden Beispiel.

Max, 9 Jahre alt, weigerte sich, irgend etwas andres als heiße Würstchen zu essen. Bei jeder Mahlzeit gab es einen Kampf, bis er einige Bissen hinuntergewürgt hatte. Dann riet man Mutter, mit Max einen Handel abzuschließen. Möchte er wohl eine ganze Woche lang zu jeder Mahlzeit nur Würstchen haben? Er war selig über diesen Vorschlag. Mutter gab ihm also zum Frühstück, Mittagessen und Abendessen nur Würstchen und sonst nichts. Er war glücklich – drei Tage lang. Dann hatte er genug von Würstchen und wollte etwas andres haben. Aber Mutter blieb fest, was für eine Mutter gar nicht so einfach ist. Sie weigerte sich, ihm den Rest der Woche etwas andres als Würstchen zu geben. Danach aß Max alles.

102

Ähnlich kann man immer vorgehen, wenn ein Kind sich einseitig festlegt. Einige Kinder nehmen sich vielleicht vor, nur Flüssiges zu sich zu nehmen. Das ist gewöhnlich die Folge eines Versuchs der Mutter, dem Kind die Aufnahme von festen Speisen aufzuzwingen. Es mag einige Zeit dauern, bis das Kind seine Nahrungseinschränkung aufgeben will, aber es wird es tun, wenn die Eltern sich jeden Drucks enthalten. Wie schon gesagt, ist das für manche Mütter äußerst schwer, weil sie es mit einer richtigen wohlausgewogenen Ernährung halten. Ähnlich können Kinder sich weigern, etwas zu essen, das nicht „rein" ist, also eine Speise, die aus mehreren Bestandteilen gemischt ist.

Alle diese Taktiken müssen als Teil eines Machtkampfs verstanden werden, in den Mutter und Kind verwickelt sind. Es besteht kein großer Unterschied, ob das Kind zuwenig oder zuviel, zu langsam oder zu schnell ißt; alles, was es tut, ist Einladung zum Kampf und Folge davon. Die Kernfrage lautet: Wer gewinnt?

Was kann man tun, wenn sich andre Familienmitglieder nicht an den Grundsatz der Nichteinmischung halten? Der Vater oder die Großmutter können das Getue und den Streit fortsetzen, auch wenn es der Mutter gelungen ist, sich herauszuhalten. Für das Kind jedoch ist wichtig, was die *Mutter* tut. Was auch immer die andern Familienmitglieder tun, die Mutter kann zwischen sich und dem Kind eine nicht kämpfende, nicht nachgebende Beziehung gegenseitiger Achtung herstellen. Aber wie kann sie ruhig dabeisitzen, wenn andere Familienmitglieder ihre Haltung durchkreuzen? Sie muß sie auf die gleiche Weise beeinflussen, wie sie das Kind beeinflußt. Wenn die Großmutter immer weiter den kleinen Hans zum Essen antreibt trotz der Bitte der Mutter, es nicht zu tun, dann kann sie ruhig ihren Teller nehmen und zum Essen in ein andres Zimmer gehen. Man kann sicher sein, daß der Großmutter das nicht gefällt; sie muß sich dann entscheiden, ob sie sich weiter so benehmen will, daß die Mutter nicht mehr mit der Familie essen kann. Alle Störungen am gemeinsamen Tisch können ähnlich gelöst werden.

Es ist erstaunlich, wie nahe Mütter der Anwendung logischer Folgen kommen und im letzten Augenblick den Grundsatz verletzen und damit alles, was sie erreicht haben, zunichte machen. Das folgende Beispiel ist wichtig, weil es zeigt, was getan werden sollte und was nicht. Und noch wichtiger, es zeigt genau den Grund auf, warum die Mutter nicht durchhielt.

Fred, 4 Jahre alt, saß am Mittagstisch nicht auf seinem Stuhl. Er kniete sich, rutschte hinunter, stand, spazierte herum und verschüttete dabei natürlich immer etwas. Das war wahrscheinlich ein Trick, Aufmerksamkeit zu erregen, weil er gewöhnlich an der Unterhaltung nicht teilnehmen konnte.

Eines Tages benahm sich Fred wieder so, und Mutter fragte ihn, ob er richtig auf seinem Stuhl sitzen oder lieber keinen Stuhl haben und stehen wollte; er rückte also den Stuhl weg und aß weiter. Nach nicht ganz fünf Minuten bat er um seinen Stuhl. Man sagte ihm, er könne ihn bei dieser Mahlzeit nicht wieder haben, da er das ja so gewollt hatte. Er weinte ein wenig, aß aber weiter, und die übrige Familie beachtete sein Weinen nicht. Bei der nächsten Mahlzeit fragte Fred, ob er auf seinem Stuhl sitzen dürfe, und man sagte ihm, er dürfe, wenn er immer daran denke, daß er ruhig sitzen müsse. Eine sanfte Mahnung während des Essens genügte, ihn auf seinem Stuhl zu halten. (Die andren schlossen ihn in ihre Unterhaltung bei Tisch ein.) Sein Benehmen besserte sich von da an im allgemeinen, obwohl gelegentliche Ermahnungen nötig waren.

Ein Teil des Problems mag der diesem Alter allgemein anhaftenden Unruhe zugeschrieben werden. In dem Augenblick, wo Ermahnungen notwendig sind, zeigt Fred, daß er es noch nicht gelernt hat, selbst Verantwortung zu übernehmen. Ob die Ermahnung sanft ist oder nicht, macht kaum einen Unterschied; sie ist falsch. Aber warum bleibt die Mutter dabei? Bestärkt durch sogenannte Forschungsergebnisse von Fachleuten, glauben viele Leute, daß Kinder nicht fähig sind, eine bestimmte Zeitlang stillzusitzen. Diese Mutter glaubte an die „diesem Alter allgemein anhaftende Unruhe"; andere meinen, daß ein Kind zuviel Energie hat. (Überaktivität wird häufig einem „geringfügigen Gehirnschaden" zugeschrieben, gleichgültig, ob eine solche Behauptung nachgewiesen wird oder nicht, und in den meisten Fällen ist sie es nicht.) Logische Folgen sind nur sinnvoll, wenn man glaubt, daß das Kind daraus lernen kann, sein Benehmen zu ändern, wenn es sich das vornimmt. Jede Annahme der Unfähigkeit eines Kindes, sich zu benehmen und zu folgen, weist einen weitverbreiteten Pessimismus und ein ebenso weitverbreitetes Mißtrauen ihm gegenüber auf. Wir unterschätzen gewöhnlich die Fähigkeit des Kindes, sein eigenes Benehmen zu bestimmen.

Es ist fraglich, ob die Anordnung, Fred beim Essen stehen zu lassen, die beste war, die die Mutter treffen konnte. Wenn Stehen die Folge ist, wird man dem Kind immer eine neue Wahlmöglichkeit geben müssen oder aber um den Tisch herumgehen und das Kind wegbringen, das wahrscheinlich im Augenblick der drohenden Wegnahme seines Stuhls darauf sitzen möchte. Die wirksamste Technik aber und die am häufigsten angewandte ist, schweigend den Teller des Kindes wegzunehmen, sobald es mit dem Essen spielt, mit den Händen ißt, nicht richtig sitzt, trödelt oder sich sonst schlecht benimmt. Man sagt ihm, daß es erst bei der nächsten Mahlzeit wieder die Gelegenheit zum Essen bekommt, gleichgültig, wie sehr es schreien mag, ob es einen Wutanfall bekommt oder verspricht, „brav" zu sein. Wenn ein kleines Kind angriffslustig oder gewalttätig wird oder einen Wutanfall bekommt, kann man es still entfernen, aber nicht ohne ihm eine Wahl zu geben; es darf an den Tisch zurückkommen, wenn es gewillt ist, sich zu benehmen. Es wird nicht „bestraft" für das, was es getan hat, sondern lediglich beurlaubt, *solange* es sich nicht benehmen will. Wenn es sich weigert hinauszugehen, kann man es selbst entscheiden lassen, ob es von selbst gehen oder hinausgetragen werden will. Einem Erwachsenen mag eine solche Wahl unwichtig erscheinen; er sieht nur die Tatsache, daß das Kind gezwungen wird hinauszugehen. Für das Kind aber ist es ein gewaltiger Unterschied, ob es aufgefordert wird hinauszugehen oder ob man ihm die Wahl läßt, wie es hinauskommen wird.

Den Teller wegzunehmen ist auch eine logische Folge, wenn es einem Kind schwerfällt, zu Tisch zu kommen. Es ist niemals notwendig, ein Kind mehr als einmal zu den Mahlzeiten zu rufen. Jedoch besteht zwischen Eltern und Kindern eine unausgesprochene Übereinkunft, daß einmaliges Rufen als unwichtig betrachtet wird. Viele Eltern gewöhnen ihre Kinder daran, nur dann zu kommen, wenn sie brüllen.

Eine der ärgerlichsten Unarten Roberts, 11 Jahre alt, war, daß er nie rechtzeitig zum Abendessen kam. Der Vater versuchte alles, sogar Schläge. Nichts half. Robert kam nie rechtzeitig. Ich versuchte, dem Vater den Grund für das Verhalten des Jungen zu erklären. Robert besiegte ganz offensichtlich einen sehr herrschsüchtigen Vater, der den Trotz seines Sohnes einfach nicht ertragen konnte. Der Vater brauchte sich nur zu weigern, Robert zu bedienen, wenn er zu spät kam. Er konnte das nicht anneh-

men. Er behauptete, man könne doch einem Kind nicht das Essen verweigern. Man erklärte ihm, daß ja nicht er Robert das Essen verweigere, sondern Robert sich selbst dadurch, daß er nicht rechtzeitig zum Essen kommen wollte. Nach langer Überredung und einer kurzen Unterhaltung mit Robert kam man überein, daß er kein Abendessen bekommen sollte, wenn er zu spät kam.

Zwei Wochen später kam der Vater wieder und berichtete, daß „es nicht geklappt hatte". Ich konnte es kaum glauben. Kam Robert immer noch zu spät? „Ja." Bekam er denn eine Mahlzeit? „Bestimmt nicht." Ich konnte es nicht verstehen: ein gesunder Junge, der nicht zum Abendessen kam und nichts zu essen bekam! Ich fragte daher den Vater, ob er wirklich nichts zu essen bekam. An diesem Punkt wurde der Vater ziemlich ärgerlich: er habe es mir doch schon gesagt. Ich wagte einen weiteren Vorstoß. Bekam er überhaupt etwas, bevor er zu Bett ging? „Natürlich", sagte der Vater, „man kann doch ein Kind nicht hungrig zu Bett gehen lassen."

Hier sehen wir deutlich die Folge eines übertriebenen Verantwortungsgefühls. Dieser Fall ereignete sich in Wien. Meist suchen eher Mütter Rat als Väter; Mütter nehmen gewöhnlich die volle Verantwortung auf sich, so daß weder die Väter noch die Kinder es zu tun brauchen. Gerade das übertriebene Verantwortungsgefühl hindert sie oft daran, das Kind im richtigen Augenblick die Folgen spüren zu lassen. Es bricht einer Mutter das Herz, wenn ihr Kind leidet oder etwas entbehren soll.

Natürlich sind alle Vorfälle, denen man mit logischen Folgen begegnen kann, Ausdruck eines tiefwurzelnden Streits, einer gestörten Beziehung. Logische oder natürliche Folgen wirken zu lassen ist nur ein Weg – und oft der erste und wirksamste –, um mit einem Problem fertig zu werden. Aber mehr als Folgen sind notwendig, um Gegnerschaft und Feindseligkeiten wegzuräumen, die heute offen oder insgeheim in unsern Familien herrschen.

Zähneputzen

Betti, 3 Jahre alt, wollte sich nicht die Zähne putzen. Damit sie es tat, mußte Mutter mit ihr gehen und sie jedesmal zwingen. Der Streit regte Mutter und Betti auf. Schließlich war Mutter es leid. Sie sagte Betti, sie brauche sich die Zähne nicht zu putzen, *wenn sie es nicht wollte. Aber da Bonbons und andre Süßigkeiten ungeputzte Zähne zerstörten, könnte sie keine bekommen. Danach vermied Mutter es, übers Zähneputzen zu sprechen. Eine Woche lang putzte Betti sich nicht die Zähne und bekam auch keine Süßigkeiten. Die andern Kinder bekamen Bonbons und Eis. Eines Nachmittags sagte Betti zu ihrer Mutter, sie möchte sich die Zähne putzen und Bonbons haben. „Jetzt nicht, Betti", sagte Mutter. „Die Zähne putzt man sich morgens und abends." Betti nahm das ohne Klagen hin. Am Abend putzte sie sich von selbst die Zähne.*

Dies ist eine einfache und wirksame Art, einem Kind die Folgen seiner Nachlässigkeit klarzumachen.

Benehmen in der Öffentlichkeit

Das Benehmen auf der Straße führt oft zu einem größeren Konflikt zwischen Kindern und Eltern.

Mutter und Bärbel waren auf dem Weg vom Spielplatz nach Haus, als Bärbel noch zu ihrer Tante gehen wollte. Mutter sagte nein, sie würden sofort nach Haus gehen. Bärbel jammerte und bettelte. Mutter ging weiter. Das Kind warf sich auf den Bürgersteig und schrie. Mutter ging ruhig und ohne etwas zu sagen weiter und sah sich nicht um. Plötzlich sprang Bärbel auf und lief lachend und hüpfend der Mutter nach. Den Rest des Wegs gingen sie vergnügt zusammen.

Ein Konflikt in der Öffentlichkeit, auf der Straße, im Supermarkt oder in einem Restaurant bringt die Eltern in Verlegenheit und führt oft zu der Entscheidung, dem Kind den Willen zu tun, um seine Mitarbeit zu gewinnen. Eltern unterwerfen sich, wenn ihr Widerstand gegen unbillige Forderungen und gegen Störungen leicht gebrochen werden kann.

Ich sah einmal eine Mutter mit ihrer zweijährigen Tochter reden, die auf dem Rücksitz ihres Wagens saß. Die Mutter bat sie herauszukommen, aber das Mädchen weigerte sich. Was konnte die Mutter tun? Es ist so einfach. Sie hätte das Kind herausheben können, ohne etwas zu sagen; schließlich war es ja noch möglich, sie zu tragen. Oder sie hätte weggehen können, und das Mädchen

107

wäre ihr wahrscheinlich gefolgt, wenn auch nicht ohne Schreien. Wenn Eltern ruhig bleiben können, ohne Angst davor zu haben, was die Leute sagen, werden sie finden, daß die Kinder meist gewillt sind, ihnen zu folgen.

Ein kleiner Junge von drei Jahren stand vor einem Schaufenster und rührte sich nicht. Seine Mutter und sein Vater, die vorgegangen waren, riefen ihn und versuchten, ihn zu überreden. Aber der Junge weigerte sich, seinen Platz zu verlassen. Die Eltern waren verzweifelt. Der Vater ging zurück und redete laut und scharf. Das Kind tat so, als hörte es ihn nicht. Schließlich war die Geduld des Vaters erschöpft. Er griff sich den Jungen und begann, ihn wegzuziehen. Und jetzt fing das Schauspiel erst richtig an. Das Kind widersetzte sich wild; es brüllte und schrie und warf sich auf den Bürgersteig. Vater und Mutter zogen aufgeregt an ihm, bis Vater den Jungen schließlich aufhob und ihn vom Schlachtfeld forttrug, keineswegs als strahlender Sieger.

Es ist so leicht, ein solches Kind zur Vernunft zu bringen. Es besteht gar keine Notwendigkeit für Wirbel und Aufruhr. Wenn die Eltern klug gewesen wären, hätten sie dem Jungen nach seiner ersten Weigerung weiterzugehen sagen sollen: „Du willst dir das Schaufenster ansehen, nicht wahr? Schade, aber wir haben keine Zeit. Du mußt also allein hierbleiben, und wir gehen nach Haus." Wenn das Kind sieht, daß sie es ernst meinen, wird es gewiß nicht versäumen, ihnen zu folgen. Nehmen wir aber an, daß es gewöhnt ist, seine Eltern zu besiegen, und überzeugt ist, daß sie ihm in jeder Lage nachgeben werden, trotz ihrer Drohungen, dann sollten die Eltern bis zur nächsten Ecke gehen und das Kind ungesehen beobachten. Wenn es merkt, daß sie fort sind, wird es wahrscheinlich hinterherlaufen. Und wenn nicht, können sie es immer noch aus der Entfernung beobachten und hinter ihm hergehen, wenn es sich verlaufen sollte. Am Ende wird es sie suchen. Aber es kommt selten bis zum Äußersten; gewöhnlich lernt das Kind, wenn man es im Stich läßt.

Ein Kind allein zu lassen, wenn es einen Wutanfall hat, genügt, es von der Nutzlosigkeit zu überzeugen. Man braucht Zuschauer; sonst ist der Anfall unwirksam. Gewöhnlich bilden die Eltern die erforderliche Zuschauerschaft. Wenn sie es nicht tun, stellen sie das Kind vor eine neue Wirklichkeit. Es kann sich dann den Erfordernissen der Lage anpassen.

Das schlechte Benehmen von Kindern in Lebensmittelläden und Supermärkten ist mittlerweile so allgemein, das man es oft als normal hinnimmt. Tatsächlich aber ist ein Lebensmittelgeschäft kein Spielplatz. Kinder können den Unterschied lernen und sich entsprechend verhalten.

Georg, 5 Jahre alt, kletterte über die Einkaufswagen des Supermarkts, stieg dann aufs Geländer und von da auf das Drehkreuz. „Komm 'runter, Georg, du wirst dir noch weh tun." Der Junge kümmerte sich nicht darum und hing mit den Knien am Geländer. „Los, Georg, komm 'runter, ehe du dich verletzt." Mutter zog einen Wagen aus der Reihe. Ihr Sohn zog sich hoch und setzte sich grinsend auf das Drehkreuz, um eine Frau am Durchgehen zu hindern. Mutter rief: „Georg, geh 'runter, damit die Dame durchgehen kann." Georg kletterte hinunter und dann in die Wagen. „Georg, komm!" Mutter ging ohne ihn den Gang entlang. Georg spielte am Geländer und auf den Drehkreuzen, bis Mutter mit dem Einkauf fertig war und ihn dort fand.

Vor dem Betreten des Geschäfts hätte die Mutter zu Georg sagen sollen: „Georg, der Laden ist kein Spielplatz. Du kannst mit mir die Gänge entlanggehen und mir beim Aussuchen helfen." Wenn Georg irgendwie zwischen die Wagen springen sollte, muß seine Mutter ihn sofort an der Hand aus dem Geschäft und zum Auto bringen mit den Worten: „Es tut mir leid, daß du keine Lust hast, dich im Laden zu benehmen. Du kannst im Wagen auf mich warten." Oder sie kann ihren Einkauf überhaupt unterbrechen und Georg nach Haus bringen oder vielleicht zu einer Nachbarin. Bevor sie ihn wieder mitnimmt, sollte sie ihn fragen, ob er bereit ist, sich zu benehmen. Wenn er dann wieder eine Störung verursacht, muß er noch ein paarmal zu Haus bleiben, während die Mutter einkaufen geht, jedenfalls so lange, bis er gewillt ist, sich zu benehmen.

Wenn man erwartet, daß sich ein Kind draußen richtig aufführt, muß man sich zu Haus die Zeit nehmen, es mit ihm zu üben.

Nach vielen vergeblichen Versuchen, Robert, 3 Jahre alt, dazu zu bewegen, nicht auf der Straße zu spielen, selbst wenn andre Kinder es taten, lernte seine Mutter in einer Arbeitsgemeinschaft für Kindererziehung, Robert zu sagen, daß er nicht auf die Straße gehen dürfe, sonst würde er zurück ins Haus kommen. Robert ging am Morgen zum Spielen hinaus; nach etwa 30 Minuten sah Mutter ihn auf der Straße. Sie ging hinaus und holte ihn ohne Worte und Ärger herein. Robert beklagte sich und weinte jämmerlich. Mutter steckte ihn in sein Zimmer, bis er sich beruhigt hatte. Sie sagte ihm, er könne es am Nachmittag noch einmal versuchen, nach draußen zu gehen und nicht auf der Straße zu spielen.

Das wiederholte sich annähernd fünfmal in drei Tagen. Danach sah eine erstaunte Nachbarin, wie der Dreijährige mit gekreuzten Armen am Straßenrand stand und alle andern Kinder auf der Straße spielen sah.

Der Junge hätte wahrscheinlich nicht auf diese Weise angesprochen, wenn die Mutter eine strafende, vergeltende Haltung eingenommen hätte. Statt seinen Trotz herauszufordern, holte sie ihn als logische und annehmbare Folge ins Haus. Sie sprach mit ihm wie ein freundlicher Zuschauer. „Er würde sonst zurück ins Haus kommen" ist ganz etwas andres als „er müsse" zurückkommen. Vielen Kindern mag es schwerfallen, einen Befehl von einem Ausdruck der Notwendigkeit zu unterscheiden. Die Eltern müssen sich sehr feiner Wechsel im Ausdruck bewußt werden, die oft von ausschlaggebender Bedeutung sind.

Kinder, die sich im Kriegszustand mit ihren Eltern befinden, werden jede Lage ausnutzen, in der ihre Eltern verwundbar sind. Wenn sich Kinder nicht richtig aufführen, während ihre Eltern Besuch haben oder bei Freunden zu Besuch sind, müssen sie ihnen Achtung vor der Ordnung und vor andern Leuten beibringen.

Ulrike, 5 Jahre alt, war einziges Kind, einziges Enkelkind und einzige Nichte. Sie und Mutter waren nebenan zum Abendessen eingeladen. Da Ulrike mit den Nachbarkindern Luzie und Maria zu spielen pflegte, wurde für die Kinder ein besonderer Tisch gedeckt. Als man sich zum Essen hinsetzte, fing Ulrike an zu weinen. „Ich will bei Mutter sitzen", bettelte sie unter Tränen. „Liebling, sieh doch, wie nett es ist, wenn du mit Luzie und Maria zusammensitzt. Komm, iß schön. Sieh mal, wie schön alles ist." Ulrike schluchzte weiter und rief immer wieder: „Ich will bei dir sitzen." Mutter wurde etwas böse. „Ich bringe dich nach Hause, wenn du dich nicht benehmen kannst." Ulrike schrie weiter. Schließlich gab Mutter nach, zog Ulrikes Stuhl vom Kindertisch weg und stellte ihn neben ihren.

Eltern, die mit einem Kind streiten, können nicht gewinnen, besonders nicht, wenn der Kampf in einem andern Haus stattfindet. Wenn solche Störungen oder solches Mißverhalten die Regel ist, muß man sich die Zeit nehmen und die Mühe machen, das Kind vorzubereiten. Außerdem kann die Mutter mit ihren Bekannten ausmachen, daß sie sofort gehen wird, wenn das Kind anfängt, sich schlecht zu benehmen oder Ärger zu verursachen. Ein paar solcher Erfahrungen können tiefen Eindruck auf das Kind machen.

Mutters Freundin kam am Nachmittag zu einer Tasse Kaffee herein. Maria, die jüngste von drei, kam mit einer Geschichte über Streit mit einer Spielkameradin hereingelaufen. Mutter erklärte: „Nun, wahrscheinlich fühlt sie sich heute nicht wohl." „Warum, Mutti?" Mutter versuchte zu antworten. Jedesmal, wenn sie fertig war, fragte das Kind wieder: Warum? Schließlich forderte Mutter Maria auf, wieder spielen zu gehen. Maria ging, kam aber bald mit neuen Warum wieder. Ein großer Teil des Besuchs ging dabei drauf. Schließlich gestand Mutter ihrer Freundin: „Das ist eben ihre Art, sich Aufmerksamkeit zu verschaffen, wenn wir Gesellschaft haben."

Dieses Beispiel verdeutlicht mehrere Grundprobleme, die die Mutter teilweise erkannt hatte, aber nicht zu lösen vermochte. *Erstens:* Das Kind beklagt sich über eine Spielkameradin; wenige Eltern bleiben von dieser Aufforderung nach Beachtung ungerührt. Sie versuchen zu erklären, zu vermuten, zu versichern oder aber die Partei der Spielkameradin zu nehmen. Keine dieser Antworten bringt etwas ein. Parteinahme für das eigene Kind reizt es, noch mehr Ungerechtigkeit zu provozieren, und Parteinahme für den Gegner (wer auch immer das sein mag – ein andres Kind, eine Lehrerin oder ein Mitglied der Familie) verstärkt sein Gefühl, schlecht behandelt zu werden. Je weniger man sagt, desto besser; die beste Antwort ist ein aufrichtiges: „Schade." Es beinhaltet, daß das Kind selbst entscheiden muß, wie es mit seiner Lage fertig wird.
Zweitens: Die Mutter weiß um die Bemühung des Kindes, Aufmerksamkeit zu erringen, wenn Gesellschaft da ist; Maria

will ihre Mutter mit niemand teilen. Aber wie kann die Mutter sich hier heraushalten? Das bringt uns zum *dritten* Problem dieses Beispiels: Was tut man, wenn ein Kind fragt: Warum? Es gibt zwei Arten von Fragen der Kinder, die unterschiedliche Antworten der Erwachsenen erfordern: echte Fragen und dumme, die nur Aufmerksamkeit erlangen wollen. Echte Fragen verdienen ernsthafte Erklärungen und Unterrichtung, außer sie tauchen auf, wenn Besuch da ist. Dann sollte man selbst eine ehrliche Frage nicht beantworten, sondern auf eine andre Zeit hinweisen, die besser geeignet ist, die Dinge zu besprechen. Wenn das Kind dumme Fragen stellt, sollten die Eltern nicht antworten. Fragen, die nicht gestellt werden, um Information zu erhalten, sondern um den Erwachsenen zu beschäftigen, kann man leicht erkennen. Sie folgen immer demselben Muster: „Warum? Warum? Warum?" „Was ist dies, was ist das?" Zwischen einer dummen Frage und der nächsten gibt es keine logische Verknüpfung; das Kind wiederholt dieselbe Frage oder stellt eine neue, bevor die erste beantwortet ist. Die Fragen erfordern keine logische, sondern eine psychologische Antwort. Es gibt viele wirksame Formen, sich nicht einfangen zu lassen, wie „Das ist eine interessante Frage, darüber wollen wir später sprechen" oder „Was meinst *du*?". Oder der Erwachsene antwortet seinerseits mit einem Warum, bevor das Kind Gelegenheit hat, die nächste Frage zu stellen. Oft verliert das kindliche Verhalten seinen Reiz, wenn man den Gegenstand wechselt und über etwas anderes Interessantes spricht. Anstatt dem Kind die gewünschte Aufmerksamkeit zu schenken, wenn es sich falsch verhält, schenkt man ihm auf konstruktive Weise Aufmerksamkeit, jedoch mit der Absicht, das nicht ewig fortzusetzen. Dies ist eines der Gebiete, wo ein Kind durch ein ruhiges, aber bestimmtes Nein lernen kann, Grenzen zu achten.

Besonders eine Lage ist ein Prüfstein für die Fähigkeit eines Kindes, Ordnung zu achten und sich so zu benehmen, wie es sich gehört: wenn die Familie in ein Restaurant geht. Kleine Kinder kennen viele Tricks, ihre Eltern dabei in Atem zu halten; auch ältere Kinder können beträchtliche Störungen verursachen. Die Familie sollte sich rechtzeitig vorher einig werden, was geschehen soll, wenn sich ein Kind schlecht benimmt. Die Einigung kann im Familienrat erzielt werden. Sobald die Störung in einem Restaurant beginnt, sollte die ganze Familie nach Hause gehen. Die Eltern können dann allein noch einmal ausgehen, wenn sie nicht Angst haben müssen, die Kinder zu Hause zu lassen, oder wenn sie jemand finden, der auf sie aufpaßt. Sie sollten sich nicht scheuen, für nicht verzehrtes Essen zu bezahlen. Das ist ein kleiner Preis für besser erzogene Kinder.

Im folgenden Beispiel konnten sich die Eltern über Punkte einigen, die gewöhnlich strittig sind und zu Auseinandersetzungen führen.

Die Jungen in der Familie durften sich ihre Mahlzeit im Restaurant selbst bestellen, aber die Eltern sahen, daß ihre Augen größer waren als ihr Mund. Als sie wieder einmal ausgingen, sagten die Eltern ihnen, daß sie wieder bestellen könnten, was sie wollten, allerdings unter der Bedingung, daß sie alles aufessen mußten, was sie bestellt hatten.

Einmal noch bestellten sie danach zuviel, und die Eltern saßen still dabei, während die Jungen ihre Mahlzeit mit sichtlichem Unbehagen beendeten. Später blieb nie etwas übrig, wenn sie in einem Restaurant aßen, aber es gab auch keine Auseinandersetzung und keine Unfreundlichkeit mehr bei der Bestellung.

Ein anderes Problem entstand, als die Jungen älter wurden. Die Eltern merkten, daß sie immer die teuersten Sachen bestellten. Man mußte also überlegen, wie sich beim Bestellen Verlegenheiten für die Eltern und Demütigungen für die Kinder vermeiden ließen, und man einigte sich. Vater übernahm es, die Preisspalte zu prüfen und einen Preis zu wählen, den der Familienhaushalt tragen konnte. Dann sagte er den Kindern, daß dies und das Gericht gut zu sein schien. Das war das Signal für die oberste Preisgrenze. Die Jungen wußten es und hatten die Freiheit, aus einer Anzahl von Gerichten, die weniger kosteten, ohne Scheu und ohne Wirbel zu wählen.

In diesem Beispiel steckt vielleicht eine Andeutung von autokratischer Aufsicht, aber die offene Diskussion und die aufrichtige Einigung über das Verfahren machen es doch zu einem guten Beispiel dafür, wie man mit Kindern vernünftig reden kann, anstatt mit ihnen zu streiten.

Verschiedene tägliche Vorkommnisse

Ein Kind hat unendlich viele Möglichkeiten, seine Eltern zu stören, wenn es ihre besondere Aufmerksamkeit oder Macht über sie gewinnen will. Aber es gibt eine ebenso große Vielfalt von möglichen logischen Folgen, die die Eltern anzuwenden lernen können. Um es noch einmal zu wiederholen: Logische Folgen können nur wirksam werden, wenn es keinen Machtkampf gibt; gewisse natürliche Folgen lassen sich auf jede Lage anwenden.

Käte, 10 Monate alt, stellte ein Problem dar. Sie hatte gerade gelernt, allein zu stehen. Sie wollte nun immer und überall stehen. Bis zu dieser Zeit war das Baden für Mutter und Kind ein großer Spaß gewesen. Nun wollte sie aber auch in der Badewanne stehen. Wenn Mutter sie hinsetzte, stellte sie sich sofort wieder. Abgesehen von der Gefahr, war es auch schwer, sie zu waschen. Beim nächsten Bad sagte Mutter, sobald sie sich stellte: „Es wird Zeit, daß du herauskommst" und hob sie aus der Wanne. Das nächste Mal wurde das Verfahren wiederholt. Noch dreimal, und es gab kein Problem mehr. Weil Käte gern badete, hatte die logische Folge Erfolg.

Eine Erklärung erübrigt sich. Offensichtlich ließ die Mutter die logische Folge ohne Streit selbst wirken.

Ähnlich ruhig kann man handeln, wenn ein Kind im Kinderwagen nicht sitzen bleiben will. Reden, Mahnen und Schelten haben wenig Wert. Aber die Mutter kann das Kind die Folgen spüren lassen, wenn sie den Wagen anhält, bis das Kind sich setzt, oder es nach Haus bringt und es nicht wieder mit hinausnimmt, bis es sitzt. Das wird bei Kindern Erfolg haben, die verstehen, was man ihnen sagt, und die die Verbindung zwischen dem Stehen und dem Verzicht auf das Spazierenfahren sehen. Bei kleineren Kindern wird ein plötzlicher Ruck am Kinderwagen das Kind auf den Sitz zurückfallen lassen. Gewöhnlich braucht es nicht mehr als zwei oder drei solcher Erfahrungen, bis es merkt, daß Sitzen ratsamer ist.

Karl, 3 Jahre, spielte hingebungsvoll mit seinen Autos und Lastwagen; aber gelegentlich endeten seine Rennen an den Möbeln. Nachdem Mutter mit ihm über Kratzer und Dellen in den

114

*Möbeln gesprochen hatte, sagte sie zu ihm, daß die Autos wegge-
legt werden müßten, wenn sie wieder in die Möbel sausten. Und
als das geschah, nahm sie sie weg. Nach einer Minute Schreien
und weiterer fünf Minuten Selbstmitleid wollte Karl wissen,
wann er sie zurückhaben könnte. „Sobald du glaubst, daß du
gelernt hast, sie nicht krachen zu lassen." Er sagte, er würde aufpassen und spielte artig mit ihnen bis zum Abend. Am nächsten
Tag krachte es wieder. Mutter nahm die Autos für den ganzen
Tag weg, obwohl Karl immer wieder beteuerte, daß er aufpassen
würde. Am nächsten Tag paßte er natürlich auf, und danach gab
es keinen Ärger mehr.*

Der Ausdruck „natürlich" zeigt an, daß die Mutter nie am Erfolg des Verfahrens zweifelte. Das ist wichtig. Erfolg oder Mißerfolg eines jeden Verfahrens hängen oft von der Erwartung der
Eltern ab. Es ist erstaunlich, in wie hohem Maß man seine eigene
Erwartung auf ein Kind übertragen kann und wie sehr sie es anregen kann, entsprechend zu handeln.

*Margret, 7 Jahre alt, bekam jedesmal Wutanfälle, wenn sie et-
was nicht tun durfte, was sie sich vorgenommen hatte. Und jedesmal sprachen die Eltern mit ihr darüber. Aber das Sprechen
half selten. Dann gab man ihr eine Wahl. „Hör auf zu toben,
oder geh in dein Zimmer, und bleib dort, bis du als ein anderes
Mädchen wieder herauskommst." Margret ging viele Male in ihr
Zimmer und kam später mit strahlendem Gesicht wieder heraus.
Ihre Ausbrüche geschahen seltener.*

Nur eine Seite dieses Falls ähnelt der Anwendung logischer
Folgen. Margret wurde in ihr Zimmer geschickt, „bis" sie sich
wieder beruhigt hatte, anstatt hinausgeschickt zu werden, „weil"
sie etwas getan hatte, was unzweideutig Bestrafung gewesen
wäre. Aber abgesehen davon, daß Margret eine Wahl erhält, ist
die Lage typisch falsch angefaßt. Zunächst einmal sollten Eltern
mit ihrem Kind während eines Wutanfalls überhaupt nicht sprechen. Kein Kind ist gewillt zuzuhören. Es ist daher kein Wunder,
daß Sprechen mit Margret selten half. Zweitens wäre es viel
wirksamer gewesen, wenn die Mutter, statt Margret in ihr Zimmer zu schicken, sich selbst entfernt und damit geweigert hätte,
den Zuschauer zu spielen, denn ohne Zuschauer ist ein Wutanfall
sinnlos. Das ist der grundlegende Unterschied zwischen der stra-

115

fenden Methode und logischen Folgen. Man muß in solchen Lagen dem Kind „den Wind aus den Segeln nehmen".

Eine 18 Monate alte Tochter packte beim Spielen eine Faustvoll von Mutters Haaren. Schläge besserten die Lage nicht, denn sie zog um so kräftiger. Nachdem das ein paarmal geschehen war, zog Mutter ihrerseits an ihren Haaren, und sie hörte auf. Das war eine logische Folge; wenn sie Mutters Haare zupfen konnte, konnte Mutter dasselbe bei ihr tun.

Ein solches Vorgehen kann hilfreich sein, wenn es im Scherz geschieht. Aber es ist notwendig, dabei keine Späße zu machen, sonst wird das Spiel zu schön. Solche logische Folgen sind keine Vergeltung für etwas, was das Kind getan hat; statt dessen lernt es, wie es sich anfühlt, und kann selbst entscheiden, ob es weitermachen will oder nicht. Wenn das Kind seine Eltern oder sonst jemand schlägt, kann der Betroffene zurückschlagen. Leute, die sich in der Rolle eines Beschützers der Kinder gefallen, lehnen ein solches Verfahren gewöhnlich ab. Sie erkennen nicht, daß es sich, wenn man ein Kind erfahren läßt, was ein andrer erfährt, um eine erlaubte und oft wirksame Anwendung logischer Folgen handelt.

Eine gefährliche Form, Eltern in einen Konflikt zu ziehen, ist der Wunsch vieler Jungen, Streichhölzer anzuzünden. Gibt es eine mögliche logische Folge, ohne daß man gleich das Haus abbrennen läßt?

Willi, 4 Jahre alt, war versessen auf Streichhölzer. Zweimal ertappte man ihn, wie er in seinem Zimmer damit spielte. Jedesmal machte man ihn auf die Gefahr aufmerksam. Kurze Zeit später roch Mutter Rauch; als sie ins Badezimmer eilte, sah sie, daß Willi den Vorhang in Brand gesteckt hatte. Glücklicherweise war sonst kein Schaden entstanden, aber die Frage war, wie man Willi die Gefahr des Spielens mit Streichhölzern so beibringen konnte, daß er es nie wieder tun würde. Nachdem Mutter das kleine Feuer gelöscht hatte, gab sie Willi sofort ein neues Streichholz, sagte ihm, er solle es anzünden und seine Hand daran halten. Als er den Schmerz der leichten Verbrennung spürte, war er sehr erschrocken und ließ das Streichholz schnell fallen. Mutter sagte ihm, so sei das, wenn er mit Streichhölzern spielte. Nur würde er nicht nur sich selbst weh tun, sondern auch noch seinem

Hund, Mutter, Vater und allen Freunden im Haus. Das war das letzte Mal, daß Willi mit Streichhölzern gespielt hatte.

Mutter benutzte die Gunst der Stunde. Willi war schon von dem Feuer betroffen, das er entfacht hatte. Die kleine Erfahrung, die seine Mutter herbeiführte, indem sie ihn das brennende Streichholz berühren ließ, kam im richtigen Augenblick. Das trug wahrscheinlich zum Erfolg des Vorgehens bei. Man kann sich fragen, ob die Mutter, als sie auf den Hund, Vater und die Freunde hinwies, nicht zuviel geredet hatte. Aber das war keine Predigt, sondern ein Stück Information, wem alles es schaden könnte, wenn er mit Streichhölzern spielte.

Das folgende Beispiel ist einzigartig und hoch dramatisch.

Peter, 11 Jahre alt, war ein Feuernarr. Mehrere Male hatte er schon Feuer angezündet. Einmal gefährdete er das Leben seiner Mutter, als sie im Keller war. Diesmal hatte er im Hof ein Feuer gemacht, das sich ausbreitete und das Haus bedrohte. Die Feuerwehr mußte kommen und es löschen. Die Mutter nahm ihre fünf Kinder, darunter Peter, und ließ sie in einer Reihe im Wohnzimmer sitzen. Sie setzte sich vor sie, sah sie nur an und sagte kein Wort. Nach einer Weile rutschte Peter unruhig hin und her. „Mami, sag etwas, tu etwas." Sie blieb unbeweglich und sah nur einfach eins der Kinder nach dem andern an. Peter hielt es nicht mehr aus. „Bitte, bestraf mich, verhau mich." Sie blieb ganz still trotz Peters steigender Qual. Dann ließ sie sie alle gehen und sagte immer noch nichts. Peter zündete nie wieder ein Feuer an.

Das ist ein Beispiel für die gewaltige Macht des Schweigens. Anstatt Peter zu sagen, was er zu hören erwartete und was er schon viele Male vorher gehört hatte, zwang sie ihn durch ihr Schweigen, selbst nachzudenken. Und sie beeindruckte nicht nur ihn, sondern auch die andern Kinder. Sie behandelte sie alle als Schuldige. Für sie alle war es eine Zeit der Gewissenserforschung.

Es ist sehr wirksam, alle Kinder die Verantwortung für das Unrecht eines Kindes mittragen zu lassen. Es mag unser Gerechtigkeitsgefühl verletzen, aber wenn man jeden nur nach Verdienst behandelt, hat das gewöhnlich verheerende Wirkungen. Die Eltern helfen dem artigen Kind, noch artiger, und dem unartigen, noch unartiger zu werden. Wenn alle Kinder als Gruppe

117

behandelt werden, kann jedes einzelne erkennen, daß es seines „Bruders Hüter" ist. (Das ist das Gegenteil von der Art, wie Kinder heute miteinander umzugehen pflegen.)

Den Eltern fällt es schwer, diese Form der Folge auf die Gruppe anzuwenden; sie verstehen gewöhnlich nicht, wie sie wirkt. Hier zwei Beispiele.

Mutter hatte eine Vorlesung gehört, in der empfohlen worden war, alle Kinder gemeinschaftlich die Verantwortung für richtiges Benehmen tragen zu lassen. Sie hatte drei Kinder, 9, 7 und 2 Jahre alt. Die beiden älteren Kinder beklagten sich gewöhnlich über die besonderen Vorrechte, die das kleinste genoß. Eines Abends, kurz nachdem Mutter den Vortrag gehört hatte, spielte der Kleine mit seinem Essen und machte schreckliche Unordnung. Mutter forderte alle drei auf, den Tisch zu verlassen, da sie nicht richtig essen könnten. Die beiden älteren Kinder zeigten leichten Unwillen, aber alle drei gingen. Von da ab spielte der Kleine nie wieder mit seinem Essen.

Die Mutter war überrascht über die dramatischen Ergebnisse ihres Handelns, verstand aber nicht, wie sie zustande gekommen waren. Warum spielte der Kleine nie wieder mit dem Essen? Man könnte vielleicht vermuten, daß die beiden älteren Kinder sich über ihn hermachten und ihm klarmachten, daß er beim Essen besser aufpassen sollte. Aber nein, die älteren Kinder hatten nie viel Einfluß auf ihren kleinen Bruder gehabt, und ein Versuch, das jetzt nachzuholen, würde nur das entgegengesetzte Ergebnis gehabt haben. Die Reaktion des Kleinen kann nur verstanden werden, wenn man erkennt, warum er sich eigentlich schlecht benahm. Ganz offensichtlich war das eine Aufforderung, ihn zu beachten, was auch Erfolg gehabt hätte, wenn die Mutter nicht einen andern Weg eingeschlagen hätte. Als er sah, daß seine älteren Geschwister die gleiche Beachtung erhielten, war er nicht mehr daran interessiert, sein Fehlverhalten fortzusetzen. Ihm lag nur daran, Aufmerksamkeit auf sich und nicht auf die andern zu lenken.

Die Wirkung gemeinsamer Verantwortung wird in dem folgenden Beispiel noch deutlicher.

Karl, 8 Jahre alt, stand zwischen einem fähigen älteren Bruder und einer „braven" jüngeren Schwester. Er war eine schreckliche

Plage. Er log, stahl, beschädigte Möbel. Sein Hauptspaß war, die Wände mit Farbstiften zu bemalen. Mutter war hilflos. Sie brauchte gewöhnlich zwei Stunden, bis er endlich die Wände abgewaschen hatte. Bei der Erziehungsberatung riet man ihr, sie solle ihre drei Kinder als Einheit behandeln und sie alle für das, was Karl tat, verantwortlich machen. Das stand in krassem Gegensatz zu ihrem bisherigen Vorgehen.

Zwei Wochen später kamen Mutter und Karl erneut zu einer Besprechung. Zu ihrem Erstaunen hatte Karl sein ungehöriges Betragen abgelegt. Er hatte wieder einmal die Wände bemalt, und Mutter hatte alle Kinder aufgefordert, sie zu säubern. Karl hatte sich nicht an der Säuberung beteiligt, aber auch nie wieder die Wände bemalt. Als man ihn fragte, warum er damit aufgehört habe, antwortete er: „Es macht keinen Spaß mehr. Die andern machen sauber." Karl hatte erkannt, daß schlechtes Benehmen keinen Sinn hatte, wenn es seine Mutter nicht zum Kampf herausforderte. Er bekam nicht mehr, was er wollte.

Kämpfen

Kämpfe zwischen Geschwistern sind so häufig, daß viele Eltern geneigt sind, sie als „normal" zu betrachten. (Anscheinend ist es für Kinder Norm geworden, „anomal" zu sein.) Streitigkeiten unter Geschwistern sind nicht nur kennzeichnend für ein Familienklima voll heftiger Rivalität und Konkurrenz, sondern für unsre ganze Gesellschaft.

Bei einem Kampf zwischen Kindern ist es schwierig festzustellen, wer der Schuldige ist. Gewöhnlich ist ein Streit nicht das Ergebnis des Fehlverhaltens eines Kindes; alle tragen gleichmäßig dazu bei. Das artige oder schwächere Kind kann auf dem „bösen" herumhacken, kann es hundertfach reizen, um die Mutter hereinzuziehen. Das eine Kind kämpft, um Aufmerksamkeit zu erringen, das andre, um Mutters Aufforderung, nicht zu kämpfen, zu trotzen. Die Kinder vereinigen ihre Anstrengungen, sei es zum Wohl der Familie oder zur Schaffung von Spannungen und Feindschaften; sie bilden eine Einheitsfront gegen die Eltern.

„Um Himmels willen, hört auf zu streiten. Ihr macht mich verrückt", schrie Mutter aus einem andern Zimmer. „Gerd will mich meine Fernsehsendung nicht sehen lassen", schrie Käte zu-

rück. „Ich habe doch wohl ein Recht darauf, meine Sendung zu sehen", antwortete Gerd wild. Mit einem Seufzer ging Mutter ins Wohnzimmer und schlichtete den Streit.

Warum streiten sich die Kinder beim Fernsehen? Die Mutter ärgert sich, sie sagt: „Ihr macht mich verrückt." Das ist der Zweck des Streits – Mutters Aufmerksamkeit zu erringen.

Der Streit ums Fernsehen, der für manche Eltern ein schweres Problem ist, könnte leicht beseitigt werden, wenn die Mutter wüßte, was zu tun ist. Solange die Kinder sich um ihre Lieblingssendung streiten, sollte sie das Gerät ausschalten, bis sie sich über das Programm geeinigt haben. Sie braucht den Streit nicht für sie zu schlichten; sie läßt ihn von ihnen selbst schlichten. Wenn die Eltern ein gutes Verhältnis zu ihren Kindern haben und regelmäßige Familienratssitzungen abhalten, können sich alle über das Programm einigen. Eine Nebenwirkung könnte sein, daß die Eltern den Kindern helfen, Gewalt im Fernsehen abzulehnen, statt davon angezogen zu werden.

Luzie, 8 Jahre alt, und Karl, 5 Jahre alt, sahen eine Fernsehsendung, während Mutter das Abendessen bereitete. Karl schob sich an Luzie heran. Sie rückte ab. Karl legte sein Bein über Luzies. Sie schob ihn weg. Karl legte sein ganzes Gewicht gegen Luzie. „Hör auf!" sagte Luzie ruhig, zwar ein bißchen ärgerlich, aber ganz in die Sendung vertieft. Karl, der immer noch zusah, aber nicht so aufmerksam wie sonst, fing an, die Muster ihrer Bluse nachzuzeichnen. Sie schlug seine Hand mit der Faust weg. „Hör auf, habe ich gesagt." Karl kicherte. Er nahm seine Hand und fuhr mit dem Finger um Luzies Ohr. Sie schnappte nach seiner Hand und pflanzte ihre Zähne hinein. „Au, au", heulte Karl auf und schrie weiter. „Was zum Teufel geht hier vor?" rief Mutter und stürzte ins Zimmer. Sie sah, wie Karl, jämmerlich schreiend, seinen Arm eng an den Leib preßte. Sie lief zu ihm, hob ihn auf und drückte ihn an sich. Er streckte seine Hand aus. Die Zähne waren deutlich abgemalt. „Luzie!" „Er hat mich dauernd geärgert", erklärte sie. „Es ist mir gleich, was er getan hat. Du hast kein Recht, deinen Bruder so zu beißen."

Mutters Unterstützung ermutigt Karl, der den Unschuldigen spielt, mehr, seine Schwester zu reizen, als sich mit ihr zu vertragen. Immer wenn ein Kind heult oder schreit, wird die Mutter auf der Bildfläche erscheinen; nur wenige Mütter können einer solchen Versuchung widerstehen. Für sie geht es nicht nur darum, welches Kind recht und unrecht hat, sondern um den Schaden, den eins dem andern zufügen kann. Natürlich können streitende Kinder sich verletzen, aber der Schrei zeigt gewöhnlich an, daß bereits etwas geschehen ist. Die Mutter kommt zu spät; sie kann höchstens noch erste Hilfe leisten, falls nötig. Aber erste Hilfe braucht nicht unmittelbar geleistet zu werden. Es ist wichtiger, die Kinder erkennen zu lassen, daß sie aufeinander aufpassen müssen.

Mutter ging gerade rechtzeitig am Spielzimmer vorbei, um zu sehen, wie Kurt, 4 Jahre alt, einen Holzwagen über Lindas Kopf hielt. Linda war 11 Monate alt. Er schien dabei zu sein, ihr den Wagen auf den Kopf zu schlagen. Linda fing an zu schreien. Mutter dachte daran, daß es klug ist, sich aus einem Streit herauszuhalten, nahm ihr Herz in beide Hände und ging weiter. Aber sie schaute durch einen Spalt. Und sah etwas Überraschendes. Kurt beobachtete die Tür, an der sie gerade vorbeigekommen war, und senkte und hob den Wagen sachte über Lindas Kopf, fast ohne ihn zu berühren.

Das geschilderte Vorgehen ist nicht zu empfehlen. Wenn Gefahr droht, muß man sie beseitigen. Wenn man sieht, daß ein Junge im Begriff steht, seine kleine Schwester mit einem Gegenstand zu schlagen, soll man diesen still wegnehmen, ohne Schimpfen, Drohen oder Predigen.

Bevor die Eltern anfingen, sich nicht mehr um Kämpfe ihrer beiden Kinder zu kümmern, pflegte das eine gelaufen zu kommen und das andre anzuschwärzen, worauf sie sich dann ins Kampfgetümmel warfen, um den Schuldigen auszusuchen. Meist war es nervenzerreißend, wobei Mutter schrie und prügelte. Jede dieser Szenen machte sie für den Rest des Tages fertig. Dann fing sie an, ihnen zu sagen: „Ich meine, ihr könnt eure Probleme selbst lösen." Und sie hielt sich völlig ruhig, gleichgültig, was sonst gesagt wurde. Sehr schnell brauchte sie sich um gar nichts mehr zu kümmern, und genau so schnell hörten die Kinder auf, Hilfe zu suchen. Eines Tages hörte Mutter den Jüngeren sagen: „Ich werde Mutti sagen, was du getan hast." Der Ältere sagte: „Das hat gar keinen Zweck, sie wird einfach sagen, daß du das selbst regeln kannst." Das war das letzte, was Mutter hörte. Sie brauchte nie mehr Partei zu ergreifen und nicht mehr vor Wut zu kochen, wenn ein Kind das andre vorschob. Sie lernte, daß ein Streit meist angezettelt worden war, um ihre Aufmerksamkeit zu erregen, und daß sich die Eltern völlig aus dem Streit ihrer Kinder heraushalten sollen, nicht nur zum Besten der Kinder, sondern auch, weil das etwa 90% der Spannungen bei der Kindererziehung beseitigt.

Es fällt den Eltern oft außerordentlich schwer, sich um einen heftigen Streit der Kinder nicht zu kümmern. Sie können es einfach „nicht ertragen". Erstens halten sie es für falsch, wenn Kinder sich streiten, zweitens könnte eins der Kinder verletzt werden. Am wichtigsten aber ist das Verantwortungsgefühl der Mutter. Sie glaubt, daß sie den Kindern nicht die Verantwortung geben kann, weil es *ihre* Pflicht ist, dafür zu sorgen, daß ihre Kinder sich benehmen. Leider sagt den Müttern der Rat, sich aus dem Streit der Kinder herauszuhalten – körperlich und gefühlsmäßig –, nicht, wie sie das anstellen sollen.

Wir haben herausgefunden, daß die Badezimmertechnik sehr wirkungsvoll ist. Sobald eine Mutter spürt, wie ihre Spannung steigt, wenn die Kinder streiten, kann sie sich ins Badezimmer zurückziehen. Dabei kommt es darauf an, daß das Badezimmer mit Zeitschriften und einem Radio ausgestattet ist. Die Mutter sollte sich einschließen, das Radio einschalten und ein Schaumbad nehmen. Diese Empfehlung ist kein Scherz, sie ist ganz ernst gemeint. Solange die Kinder sich schlecht benehmen, werden sie der Gesellschaft ihrer Mutter beraubt. Und sie vermissen sie wirklich, wenn sie im Badezimmer ist – anwesend, aber unerreichbar. Die Wirkung auf die ganze Familienatmosphäre ist gewaltig. Die Kinder lernen auf diese Weise wirklich, daß die Mutter sich weigert, Opfer ihrer Forderung nach unangebrachter Aufmerksamkeit zu sein und des Versuchs, sie zu beherrschen.

Natürlich muß man fest von unsrer Auffassung überzeugt sein, daß die Kinder sich wegen der Einmischung ihrer Mutter streiten; sonst könnte es den Anschein erwecken, daß die Kinder siegen, wenn die Mutter das Feld räumt. Tatsächlich ist das Gegenteil der Fall. Wenn sie sich zurückzieht, sind die Macht und die Machenschaften der Kinder zu Ende. Wenn die Mutter sie in ihr Zimmer schickt, bedeutet das Einmischung und Verantwortung, wenn sie sich aber ins Badezimmer absetzt, hilft das, beides zu vermeiden. Wir haben festgestellt, daß andre Formen der Abwesenheit, z. B. Rückzug ins Schlafzimmer oder ein kurzer Spaziergang, lange nicht so wirkungsvoll sind wie das Badezimmer. Dieser Raum symbolisiert Zurückgezogenheit, und die Kinder reagieren auf diese Folge ihres Fehlverhaltens positiver als auf jeden andern Schritt ihrer Mutter.

Störungen beim Autofahren

Mutter und Eduard, 5 Jahre alt, stiegen ins Auto, um Vater am Bahnhof abzuholen. Es war bitter kalt, aber Eduard kurbelte das Fenster herunter. Mutter sagte: „Wir fahren ab, wenn du das Fenster wieder zugemacht hast." Eduard wartete; Mutter rührte sich nicht. Eduard sagte: „Gut, ich mache das Fenster zu, wenn du abfährst." Mutter wartete schweigend weiter; sie ließ sich auf keinen Streit ein. Schließlich kurbelte Eduard das Fenster wieder zu. Mutter ließ den Wagen an, lächelte Eduard zu und fragte: „Wie schön die Sonne scheint auf dem Schnee. Sieh mal, er funkelt wie Tausende von Diamanten."

Das ist ein gutes Beispiel dafür, wie eine Mutter sich einem Machtkampf dadurch entziehen kann, daß sie nichts tut. Das Auto bietet gute Gelegenheiten für Kinder wie für Eltern. Wenn die Eltern an den Straßenrand heranfahren und sich weigern, während einer Störung durch die Kinder weiterzufahren, dann wird Druck auf die Kinder ausgeübt. Im obigen Beispiel hat die Mutter ihren Sieg nicht zur Schau gestellt, sondern vielmehr eine freundliche Unterhaltung begonnen.

Mehrere Jahre lang wurden Gerd, Willi und Bärbel von ihren schwer geprüften Eltern nur als „Autoschreck" bezeichnet, denn jedesmal, wenn die Familie einen Ausflug mit dem Wagen machte, mußten die Eltern abwechselnd mit ihren Sprößlingen schimpfen und sie ermahnen, sich zu benehmen. Das lief immer nach einem gewohnten Schema ab. Nach sieben Minuten Ruhe voller Vorfreude und Bewunderung der Landschaft brach der Zank aus. „Gerd hat mich gestoßen." „Ist ja nicht wahr. Das war Bärbel. Sie tritt." „Tu ich ja gar nicht. Ihr sitzt immer am Fenster!" Und alle drei: „Wann sind wir endlich da?" Letztes Frühjahr gründete die Familie einen Familienrat. Jede Woche zu einer bestimmten Zeit äußerten Eltern und Kinder ihre Meinung zu vielen Dingen, darunter auch zur „Autokrankheit", unter der sie nun schon so lange litten. Der neunjährige Willi bemerkte dazu: „Mutti und du sagen immer: ‚Wenn ihr Kinder nicht aufhört zu zanken, werden wir umdrehen und nach Haus fahren.' Aber ihr tut das nie." Nach einer Aussprache einigten sich alle darauf, daß man beim ersten Anzeichen eines Streits sofort umkehren würde. Drei Wochen später befand sich die Familie auf dem Weg zu einem 50 km entfernten Zoo. Er war einer der Lieblingsplätze der Kinder. Aber genau nach Schema begann nach sieben Minuten der Zank. Vater, der den Wagen fuhr, verlangsamte die Fahrt, machte eine ganze Drehung und fuhr nach Hause. Während der ganzen Zeit unterhielt er sich gut gelaunt mit Mutter. Weder Vater noch Mutter schienen das Schreckensgeheul auf den hinteren Sitzen zu bemerken. Niemand erklärte, niemand moralisierte.

Ein paar Wochen später wurde ein neuer „Zootag" geplant. Voller Erfolg! Kein Streit, kein Geschrei. Als der Wagen abends wieder in die Einfahrt bog, machte Gerd den einzigen Hinweis auf den vorhergehenden, ins Wasser gefallenen Ausflug. Ganz erstaunt bemerkte er zu Willi: „Weißt du was? Ich hab' nicht mal das Verlangen gehabt, jemand zu stoßen."

Dieses Beispiel ist ausgezeichnet. Wenn auch das Heimfahren nicht immer durchführbar ist, sollte es angewandt werden, wenn es möglich ist.

Vergeßlichkeit

Ein Kind vergißt Dinge oft nur, wenn jemand da ist, der es daran erinnert und es bedient.

Eine Familie wohnte ziemlich weit von der Schule entfernt, und die Kinder mußten daher ihre Mittagsbrote mitnehmen. Zu Beginn des Jahres vergaß Doris sie oft. Damit sie nicht hungerte, brachte Mutter sie ihr zur Schule, was ihr sehr ungelegen war.

Schließlich sagte sie ihren Kindern eines Tages, daß sie selbst dafür verantwortlich seien, an ihr Essen zu denken, und daß sie es ihnen nicht mehr bringen würde. Das war ziemlich erfolgreich, denn Doris vergaß von da ab nur noch selten ihre Brote.

Man muß die Beschreibung sorgfältig lesen. Wenn Doris ihre Brote immer noch gelegentlich vergißt, kann man einigermaßen sicher sein, daß die Mutter sie immer noch bedient und sie wahrscheinlich immer wieder erinnert; sie hat immer noch selbst ein schlechtes Gewissen, wenn das Kind nichts zu essen bei sich hat. Es ist nicht natürlich, daß man seine Brote vergißt, daher deutet die Tatsache, daß Doris es tut, daraufhin, daß die Mutter sich weiter darum kümmert.

Margret, 14 Jahre alt, hatte keine Lust oder vergaß ihre Frühstücksbrote zu machen. Morgens mußten alle auf sie warten, weil sie es in der letzten Minute tat, oder sie verlangte Frühstücksgeld. Schließlich erklärte Mutter, daß sie Margret kein Geld mehr für das Frühstück geben würde, wenn sie ihre Brote nicht machte, denn es stände ja genug dafür bereit.

Am nächsten Morgen machte Margret ihr Frühstück nicht und bat Mutter um Geld. Mutter sagte, sie hätte kein kleines Geld und würde ihr auch keines mehr geben. Margret kam nachmittags um drei Uhr heim und sagte: „Ich habe Hunger." Mutter antwortete: „Das ist fein." Margret erwiderte: „Aber das kommt nicht vom Frühstück. Ich kann mir Geld leihen, und dann mußt du ja doch zahlen."

Die Mutter aus dem Beispiel fragt sich, was sie falsch gemacht hat. Sie glaubt, daß sie tatsächlich zurückzahlen muß, wenn Margret sich Geld leiht. Hätte sie nicht statt dessen Margret auf Möglichkeiten, Geld zu verdienen, hinweisen sollen?

Tatsächlich kann keine Lösung gefunden werden, solange eine Politik des „Wie du mir, so ich dir", im Spiel ist. Zuerst weigert sich die Mutter, Margret Geld zu geben, dann droht Margret, Geld zu leihen. Wenn die Mutter auf Verdienstmöglichkeiten hinweist, hat sie doch keine Macht, Margret dazu zu zwingen, so daß sie am Ende doch für ihre Schulden aufkommen muß, weil sie gesetzlich dazu verpflichtet ist. Nein, dies ist gewiß kein Beispiel für logische Folgen, sondern für gegenseitige Vergeltung, die sich teilweise in der sarkastischen Bemerkung der Mutter über den Hunger ihrer Tochter äußert. Und das Mädchen nimmt Rache, indem es trozig antwortet. Der Ton der Stimme und die Wahl der Worte unterscheiden logische Folgen deutlich von strafender Vergeltung.

Die Mutter muß aufhören zu kämpfen, bevor sie das Kind beeinflussen oder wohltätigen Druck durch die Lage ausüben lassen kann. Sie *muß* nicht das Mädchen an das Frühstücksbrot erinnern oder ihm Geld geben. Aber sie muß den Handlungsablauf planen. Sie sollte nicht sagen, daß sie kein Kleingeld hat, denn das ist eine dumme Ausrede. Wenn sie einmal klargemacht hat, daß niemand Geld bekommt, weil sich jeder sein Frühstück machen kann, hält sie sich einfach aus dem Kampf heraus. Das ist jedoch nicht so leicht, weil sich Margret offensichtlich im Zustand des Aufruhrs befindet. Es macht ihr gar nichts aus, daß ihre Geschwister zu spät kommen, weil sie sich ihr Frühstück in letzter Minute macht. Es gibt wahrscheinlich noch andre Gebiete, auf denen sich die Mutter freundlich, aber entschlossen, aus dem Kampf heraushalten muß.

Taschengeld

Taschengeld soll keine Belohnung für geleistete Dienste sein; es soll vielmehr das Kind den Umgang mit Geld lehren. Es gibt andre Mittel, ein unwilliges Kind zur Übernahme von Pflichten anzuregen, wie wir schon früher erörtert haben.

Der folgende Bericht weist darauf hin, daß die meisten Großmütter dazu neigen, Kinder zu verwöhnen, ihnen alles zu geben, was sie wünschen. Diese Großmutter war nicht anders, aber sie war bereit zu lernen.

Michael, 12, Hans, 10, und Theo, 8 Jahre alt, verbrachten den Sommer gewöhnlich bei der Großmutter. Beinahe jedesmal brachten die Kinder sie an den Rand des Bankrotts. Eines Sommers versuchte sie eine neue Methode. Die Jungen bekamen ein wöchentliches Taschengeld. Wenn es aufgebraucht war, erhielten sie bis zum nächsten Zahltag nichts mehr. Natürlich betrachteten Hans und Theo das als Scherz. Am ersten Samstagabend gaben sie fast ihr ganzes Geld für Süßigkeiten und Getränke aus. Als sie am Sonntag zum Zoo gingen, brauchten Hans und Theo dringend neues Geld, um Futter für die Tiere zu kaufen. Sie waren nicht wenig überrascht, als Großmutter ihnen sagte: „Kein Geld mehr bis nächsten Samstag." Während dieser Ferien achteten die Jungen sehr darauf, ihr Taschengeld nicht zu schnell auszugeben. Zur großen Überraschung ihrer Eltern kamen alle drei Jungen am Ende der Ferien mit erspartem Geld nach Haus.

Es war gut, daß die Großmutter nein zu sagen gelernt hatte. Die Kinder glaubten ihr nach den bisherigen Erfahrungen zunächst nicht, sondern erst, als es kein Geld mehr gab. (Es ist kennzeichnend, daß nur die beiden Jüngsten versuchten, mehr Geld zu bekommen; sie waren wahrscheinlich verwöhnter als der Älteste.)

Mutter und Anni, 14 Jahre alt, trafen ein Taschengeldabkommen. Annis Bedürfnisse wurden berücksichtigt; sie erhielt genug Taschengeld für ihr Pausenbrot, die Busfahrten, den Schulbedarf, gelegentlichen Kinobesuch und sonstige Freizeitvergnügungen. Eines Tages kam sie mit ihrer besten Freundin nach Hause, und Mutter sah, daß beide Mädchen neue Armbänder mit ihren Initialen trugen. Sie fragte Anni, woher sie das Armband habe. „Ich habe es mir vom Taschengeld erspart." Mutter sagte nichts mehr, bis die Freundin gegangen war. Dann schalt sie Anni heftig aus, wobei sie darauf hinwies, daß sie selbst hart für ihren Unterhalt arbeiten und auf viele Dinge verzichten müsse, damit ihre Tochter ein anständiges Taschengeld erhielte. Sie sei sehr gekränkt, daß Anni ihr Geld für etwas ausgegeben habe, das in ihrem ursprünglichen Abkommen nicht vorgesehen war.

Wenn ein Kind durch gegenseitige Übereinkunft ein Taschengeld erhält, sind die Folgen, daß es die Handhabung des Geldes lernen muß. Das kann es aber nicht, wenn die Mutter sich einmischt und dem Kind zu sagen versucht, wie es sein Geld ausgeben soll. Wenn das Kind es unklug ausgibt, wird es kein Geld haben, wenn es welches braucht, und so lernt es, aber nicht durch die Schelte der Mutter.

Haustiere

Wenn man die Kinder für Haustiere sorgen läßt, so ist das eine wunderbare Methode, sie zu lehren, Verantwortung auf sich zu nehmen und ihr gerecht zu werden. Hier folgt ein typisches Beispiel, wie eine Mutter zwar wußte, was zu tun war, aber keinen Gebrauch von ihrem Wissen machte.

Michael und Robert, 11 und 9 Jahre alt, hatten lange um einen Hund gebettelt. Schließlich beschlossen Vater und Mutter, einen anzuschaffen, aber nur unter der Bedingung, daß die Jungen die Verantwortung für Fütterung und Pflege übernahmen. Sie versprachen es begeistert. Ein Hund wurde ausgesucht, und die Jungen waren entzückt. Zuerst sorgten sie gewissenhaft dafür, aber als er nichts Neues mehr war, fingen sie an, ihn zu vernachlässigen. Mutter sah sich gezwungen, ihn immer häufiger zu füttern. Sie schalt, mahnte, predigte, aber die Jungen vergaßen es immer wieder. Endlich drohte sie eines Tages, den Hund abzuschaffen, wenn die Jungen nicht für ihn sorgten. Michael und Robert reagierten zwei Tage lang auf die Drohung. Eine Woche später gab Mutter auf. Schließlich konnte sie den Jungen die Freude am Spiel mit dem Hund nicht verderben.

So etwas geschieht immer wieder. Die Mutter kann keine logischen Folgen anwenden, weil es ihr das Herz bricht, ihre Kinder leiden zu sehen. Tatsächlich lehrt sie sie, daß sich Verantwortungslosigkeit auszahlt, weil sie alle *Verantwortung* auf sich nimmt, während die Kinder den ganzen *Spaß* haben. Sie darf die Vernachlässigung der Verantwortung durch ihre Jungen nicht einen Tag lang dulden. Sie ist nicht gezwungen, sich in die Pflichten ihrer Jungen einzumischen. So bleiben nur zwei Möglichkeiten: entweder der Hund verhungert, oder er wird sofort abgeschafft. Wenn die Jungen den Hund lieben, und das tun sie, werden sie angeregt, richtig zu handeln.

Rechtzeitig nach Hause kommen

Einer der Hauptkonflikte, besonders bei älteren Kindern, ist der Zeitpunkt, wann sie nach Hause kommen sollen, sowohl nach der Schule wie abends. Wenn nicht gegenseitige Achtung vorhanden ist und man nicht zu einer Übereinkunft kommen kann, wird die Zeitfrage zu einer Quelle ständigen Verdrusses.

Die Schule war etwa 15 Minuten entfernt, und Erich und Klaus, 12 und 14 Jahre alt, wußten, daß sie sofort heimkommen oder aber telefonieren mußten, wenn sie sich unterwegs noch bei Freunden aufhielten. Eltern und Kinder hatten sich geeinigt, daß sie hinterließen, wohin sie gingen und wann man sie ungefähr wieder zu Hause erwarten durfte. Die Jungen aber konnten dem schönen Wetter nicht widerstehen, und Mutter wartete, fragte sich, wo sie blieben, und sorgte sich um ihre Sicherheit. Um das Problem zu lösen, schloß sie eines schönen Frühlingstags ohne Warnung alle Fußbälle ein und fuhr mit dem Wagen zu ihrer Freundin, kurz bevor es für die Jungen Zeit war, nach Hause zu kommen. Sie sagte einer Nachbarin für den Notfall, wo sie sein würde. Diese berichtete ihr später, daß die Jungen versucht hatten, ein unverschlossenes Fenster zu finden, um ihre Bälle zu bekommen. Aber sie selbst sagten nichts außer: „Wir waren in Sorge um dich, Mutti." Mutter brauchte nichts zu sagen, weil sie hinzufügten: „Jetzt wissen wir, wieviel Sorge du dir immer um uns machst."

Es ist im allgemeinen eine gute Politik, die Kinder die gleichen Unannehmlichkeiten spüren zu lassen, in die sie ihre Eltern bringen, solange das im rechten Geist ohne Schimpfen, Reden und Erklären geschieht. („Jetzt wißt ihr endlich, wie das ist.") Sonst werden nämlich die wohltätigen Wirkungen der logischen Folgen vereitelt. Wenn die Kinder nach Haus kommen dürfen, wann sie wollen, dann darf die Mutter das auch. Natürlich wäre es klüger, das Verfahren vorher mit ihnen zu besprechen, anstatt sie damit zu überraschen.

Suse, 15 Jahre alt, und ihre Eltern hatten vereinbart, daß sie selbst die Verantwortung dafür haben sollte, wann sie abends nach Haus kam. Die Haustür blieb unverschlossen, bis Suse kam, und sie mußte sie dann abschließen. Aber Suse kam allmählich immer später, bis die Eltern meinten, es wäre an der Zeit, einen äußersten Zeitpunkt zu vereinbaren. Das wirkte für ein paar Tage, bis Suse unter Mißachtung der Vereinbarung später kam. Die Eltern sagten ihr nun, daß die Tür zur vereinbarten Zeit abgeschlossen werden würde. Eine Zeitlang half auch das, bis Suse eines Nachts zu spät kam und ausgeschlossen war. Das war nun für sie und ihren Freund eine peinliche Lage; sie war gezwungen, an die Fensterscheiben zu klopfen, und störte die Nachbarn durch lautes Rufen, damit ihr jemand die Tür öffnete. Von da an kam Suse rechtzeitig.

Den Eltern gelang es schließlich, Suse die Folgen ihres Verhaltens klarwerden zu lassen. Aber die schnelle Übereinkunft und die Mißachtung von Regel und Ordnung weisen darauf hin, daß ein Wandel in den Beziehungen zwischen Suse und ihren Eltern notwendig war. Die angespannte Atmosphäre in der Familie ist offensichtlich. „Schön, diesmal habt ihr gewonnen, aber das nächste Mal werde ich euch schon zeigen, daß ihr keine Macht über mich habt." Das ist die typische Haltung der Heranwachsenden in einer Zeit, wo die Jungen sich im Kriegszustand befinden; Kampf herrscht in jeder Familie und in jeder Schule. Aus diesem Grund ist die Anwendung logischer Folgen im obigen Beispiel nicht so gut, wie sie aussieht. Die Folgen halfen, Suse zu unterwerfen, machten sie aber nicht gewillt, auf Ordnung zu achten. Gewöhnlich ist es schwer für eine einzelne Familie, das Verhalten eines Jugendlichen zu verbessern, ohne eine Übereinstimmung mit dem Verhalten in seinem Freundeskreis herzustellen. Die Gruppe ist einig in ihrer Haltung gegenüber Vorschriften und Betragen, während jedes einzelne Elternpaar seinen Krieg allein führen muß. Damit die logischen Folgen wirksam werden, müssen Suses Eltern mit allen ihren Freundinnen und deren Eltern verhandeln, um eine Übereinkunft zu erzielen.

Sabine, ein Teenager, hatte Schwierigkeiten, rechtzeitig von Treffen mit ihrem Freund nach Haus zu kommen. Nachdem ihre Mutter bei mehreren Gelegenheiten erfolglos mit ihr über ihre Unpünktlichkeit gesprochen hatte, versuchte sie eine andere Methode. Als Sabines Freund sie das nächste Mal abholen kam, fragte sie ihn freundlich, ob er Sabine helfen wolle, spätestens um Mitternacht zu Haus zu sein. Sabine war dabei, als Mutter mit ihrem Freund sprach. Danach übernahm sie selbst die Verantwortung für rechtzeitiges Heimkommen.

Das kann als Beispiel für logische Folgen angesehen werden. Wenn nämlich jemand nicht imstande ist, die Verantwortung für sein Tun auf sich zu nehmen, sollte ein andrer helfen. Sabines Mutter war sich der Gefahr bewußt. Sie vermied Sarkasmus und mögliche Peinlichkeit und damit die Hervorrufung von Ärger und Widerstand. Ein großer Teil hängt davon ab, nicht, *was* man tut, sondern, *wie* man es tut.

Das Problem des Heimkommens von einer Verabredung betrifft meist Mädchen; bei den Jungen ist die Benutzung des Wagens ein Haupthindernis für die Ruhe der Familie. Jedoch gilt auch hier der gleiche Grundsatz. Der Jugendliche übt Druck aus und nutzt seine ganze Erfindungsgabe, um elterliche Beschränkungen zu überwinden. Durch Kampf wird nichts gewonnen, und der Friede kann durch Nachgiebigkeit nicht wiederhergestellt werden. Wenn die Familie sich nicht einigt, ist keine Lösung möglich. Einigt sie sich, sollte sie gleichzeitig Maßnahmen vorsehen, falls die Übereinkunft gebrochen wird.

Schlafenszeit

Die Schlafenszeit ist für Heranwachsende kein so großes Problem wie für kleinere Kinder. Leider haben wir sie zu einer Art Statussymbol gemacht. Je älter das Kind ist, desto länger darf es aufbleiben; daher hält bei vielen Leuten das Verlangen, spät zu Bett zu gehen, bis ans Lebensende vor.

Hier zwei Beispiele eines vergeblichen Kampfes um die Schlafenszeit.

Gregor, 8 Jahre alt, wollte abends nicht zu Bett gehen und morgens nicht aufstehen. Als jüngerer von zwei Brüdern befand er sich in einem Machtkampf, bei dem Mutter gewöhnlich unterlag. Mutter beschloß, nachdem sie etwas über logische Folgen gelernt hatte, Gregor zu fragen, ob er so lange aufbleiben möchte wie sie; er dürfte dann nicht vor ihr zu Bett gehen. Er war glücklich darüber. Das Ergebnis war, daß er nicht nur so lange wie Mutter aufbleiben konnte (sie blieb absichtlich lange auf), er hätte sogar noch länger aufbleiben können. Die Mutter befragte einen Berater: „Warum ist das schiefgegangen? Vielleicht, weil wir uns in einem Machtkampf befinden und die logischen Folgen daher bei ihm nicht wirken? Was würde denn wirken?"

Die Mutter hat recht; ihr Sohn besiegt sie. Man kann den ständigen Druck und Gegendruck erkennen. Als sie ihn aufbleiben ließ, verlangte sie gleichzeitig, daß er nicht vor ihr zu Bett gehen dürfe, und er besiegte sie durch ein: „Na und!" Ihr Kampf war noch mild im Vergleich mit dem heftigen Krieg, der oft wegen des Schlafengehens geführt wird. Die erste Voraussetzung ist, daß man sich aus dem Kampf zurückzieht, der oft bis zum Äußersten ausgefochten wird.

Jeden Abend um halb acht begann der Kampf ums Schlafenge-
hen. Heinz, 4 Jahre alt, war Meister der Verzögerungstaktik.
„Komm, Heinz, es ist Zeit fürs Bett“, sagte Mutter ruhig. „Noch
nicht, Mutter, ich bin noch nicht müde.“ „Aber es ist deine Zeit
fürs Bett“, überredete Mutter. „Noch ein bißchen, wenn ich fer-
tig bin mit Malen“, forderte der Junge. „Du kommst sofort“,
sagte Mutter energisch. „Du kannst morgen weitermalen.“ Als
sie versuchte, ihm die Sachen fortzunehmen, schrie er und hielt
die Farbstifte krampfhaft fest. Mutter, die nicht gern handgreif-
lich werden wollte, gab nach. „Na schön. Dann mach das Bild
fertig.“ Heinz konzentrierte sich wieder auf sein Malbuch mit
einem leisen Lächeln im Mundwinkel. Mutter setzte sich aufs
Bett und wartete. Der Farbstift des Jungen bewegte sich immer
langsamer, und Mutter wurde ungeduldig. „Du spielst doch nur
damit herum. Komm, male das Bild zu Ende.“ „Ich will es doch
nur richtig schön machen. Ich muß vorsichtig malen“, antwor-
tete der Junge hochnäsig. Mutter wartete noch ein bißchen län-
ger, dann sagte sie, sie würde jetzt die Farbstifte weglegen, die
nicht mehr gebraucht würden. Heinz protestierte. Mutter blieb
dabei. Heinz ließ Mutter widerwillig ein paar Stifte weglegen,
wobei er sie die ganze Zeit ärgerte, indem er einige festhielt oder
absichtlich verlor. Nachdem schließlich alles weggeräumt war,
fand Heinz immer neue Wege, um das Schlafengehen hinauszu-
zögern. Er trödelte im Bad, tollte im Bett herum, verlangte einen
Schluck Wasser. Schließlich hatte ihn Mutter ins Bett gesteckt
und war ins Wohnzimmer zurückgekehrt. Ein paar Minuten spä-
ter war Heinz schon wieder auf, um ins Badezimmer zu gehen,
und wollte dann noch einen Gute-Nacht-Kuß. Um neun Uhr
war er immer noch lebendig. Mutter verlor die Nerven und ver-
prügelte ihn. Heinz brüllte. Vater kam an die Tür und schalt
Mutter. „Ich weiß nicht, warum ihr jeden Abend so einen Zirkus
veranstalten müßt. Heinz, halt den Mund! Geh ins Bett und blieb
liegen!“ Endlich trat Ruhe ein.

Solche Szenen wiederholen sich in Tausenden von Familien.
Hier hat das Kind alle Trumpfkarten in der Hand, und wenn
die Mutter das auf die Dauer durchgehen läßt, wird es ihr, wenn
das Kind älter wird, nicht mehr gelingen, es zur Mitarbeit zu
bewegen. Mit einem kleinen Kind jedoch kann die Mutter ruhig
und fest umgehen. Sie sollte mit ihm über die rechte Zeit zum
Schlafengehen sprechen, so daß es weiß, wann es im Bett sein

muß. Dann kann sie ihm jeden Abend die Wahl lassen, ob es selbst gehen oder ins Bett gesteckt werden will. Wenn es sich nicht selbst auszieht, ist es angebracht, es auszuziehen, zu baden und ins Bett zu stecken. Es ist eine gute Idee, ihm etwas vorzulesen, wenn es rechtzeitig im Bett ist; Kinder haben das sehr gern. Aber was soll man tun, wenn das Kind aufsteht? Die Mutter sollte es dann schweigend aufheben und wieder ins Bett legen, unbeschadet dessen, wie oft es aufstehen mag. Wenn sie nicht erregt, sondern ruhig ist, wird es bald die Fruchtlosigkeit seines Tuns einsehen und seinen Widerstand aufgeben.

Hier ist der Fall einer Mutter, die die Lage beinahe meisterte.

Robert, 3 Jahre alt, tat alles, was er konnte, um das Schlafengehen hinauszuzögern. Mutter hatte große Mühe, bis er gebadet war, und noch größere, bis sie ihn im Bett hatte. Er wollte vorgelesen, zu trinken und alles nur Erdenkliche bekommen. Nachdem Mutter von der neuen Methode erfahren hatte, zog sie sich wie folgt aus der Sache zurück. Während des Nachmittagspiels sagte sie Robert, daß er um acht Uhr ins Bett müsse und daß sie um sieben Uhr mit dem Baden beginnen würde. Sie und Vater würden ihm um acht Uhr gute Nacht sagen und sich dann nicht mehr darum kümmern, was er machte.

Der erste Abend war nicht so schlecht; wenigstens gab es kein Geschrei. Schließlich ging Robert gegen halb zehn Uhr selbst ins Bett, ohne Schlafanzug, weil er ihn noch nicht selbst anziehen konnte. Am zweiten Abend begann das Problem. Wieder trödelte Robert um acht Uhr, und Mutter ließ das Wasser aus der Badewanne, als er nicht fertig war, und gab ihm den Gute-Nacht-Kuß. Robert war noch ganz angezogen und spielte. Vater und Mutter taten so, als sei er schon im Bett. Er spielte herum und wurde ungezogen. Er nahm seine Farbstifte und bemalte die Wände in seinem Zimmer, um ihre Aufmerksamkeit zu erregen. Als das nicht half, erklärte er, er könnte nicht an den Schalter, um das Licht auszumachen. Er fing an zu weinen, als die Eltern sich immer noch nicht um ihn kümmerten, in die Küche gingen und Karten spielten. Gegen neun Uhr wurde es ruhig, und Mutter gab vor, in ihr Zimmer zu gehen, wobei sie an seinem Zimmer vorbeigehen mußte, um zu sehen, ob er im Bett war. Er war nicht da, sondern ins Schlafzimmer der Eltern gegangen und lag dort schlafend im Bett.

Mutter wußte nicht so recht, was jetzt zu tun war. Als Robert die Wände bemalt hatte, hatte sie ihm gesagt, daß sie am nächsten Morgen darüber sprechen würden. Am nächsten Morgen gab sie ihm die nötigen Sachen, damit er die Malerei von den Wänden abreiben konnte, und sagte ihm, sie wollte keine Farbe mehr an den Wänden sehen, wenn er fertig wäre. Als sie ihn abends wieder in ihrem Bett fand, sagte sie ihm, er könne dort nicht liegen bleiben, weil Mutti und Vati dort schlafen müßten. Er solle in sein Bett gehen. Er schrie und sagte, er könne in seinem Zimmer das Licht nicht ausmachen. Sie erklärte ihm, das sei sein Problem. Sie sei sicher, daß er einen Weg finden würde. Und Robert fand einen.

Diese Mutter begann richtig. Aber als sie herausgefordert wurde, redete sie zuviel und fing an zu bestimmen. Als sie Robert sagte, daß sie keine Farbe mehr auf den Wänden sehen wollte, gab sie ihm die Genugtuung, daß er ihr beikommen und sich für ihren Versuch, ihn links liegenzulassen, rächen konnte. Die guten Wirkungen eines sonst wohl angelegten Plans waren vereitelt. Die Mutter hätte Robert einfach aus ihrem Bett holen und ihn wortlos in seins legen sollen. Wenn sie das ein paar Abende lang getan hätte, wäre das Problem des Schlafengehens verschwunden.

Bettnässen

Nach dem Abendessen paßte Mutter genau auf, daß Hans, 6 Jahre alt, nur wenig Wasser trank. Jede Nacht gegen Mitternacht weckten Vater oder Mutter den Jungen und brachten ihn zum Badezimmer. Aber trotzdem war sein Bett morgens, wenn Mutter ihn weckte, häufig naß. Sie redete auf ihn ein, doch zu versuchen, sein Bett trocken zu halten. Manchmal sprach sie voller Ärger, weil sie die viele Wäsche leid war. Sie und ihr Mann hatten alle Arten von Strafe und Überredung versucht, die sie sich vorstellen konnten. Nichts schien zu helfen.

Kinder machen ihr Bett aus sehr verschiedenen Gründen naß. Einige, um Aufmerksamkeit und Dienste zu erlangen, einige, weil sie Baby bleiben wollen, einige fühlen sich berechtigt, zu tun, was sie wollen, einige wollen ihre Eltern oder die, mit denen sie schlafen müssen, strafen, und fast alle Kinder bleiben Bettnäs-

134

ser, sobald sie das Vertrauen in ihre Fähigkeit, ihr Bedürfnis unter Kontrolle zu halten, verloren haben.

Je weniger Aufsehen die Eltern machen, desto eher wird das Kind die Kontrolle gewinnen. Das Aufwecken in der Nacht verhindert das Bettnässen nicht, sondern bringt dem Kind bei, Wasser zu lassen, ohne voll wach zu sein. Eine logische Folge ist, das Kind sein schmutziges Bettuch selbst in einen Behälter mit Wasser legen und, wenn es älter ist, selbst waschen zu lassen. Unter diesen Umständen wird es lernen, daß es an ihm selbst liegt, seine Bedürfnisse zu kontrollieren; wie auch immer es das bewerkstelligt, es wird weder besonderes Mitleid noch Strafe und Verachtung erhalten.

Schlechte Gewohnheiten

Sogenannte schlechte Gewohnheiten, wie Nägelkauen, Nasebohren, Daumenlutschen und Haareaufdrehen, verraten tieferliegende Störungen. Die Eltern jedoch müssen wissen, wie sie im unmittelbaren Sinn darauf reagieren können. Gibt es logische Folgen, die ins Spiel gebracht werden können?

Die Grundprinzipien sind die gleichen. Der erste Schritt ist, sich herauszuhalten. Nörgle, schimpfe und ermahne nicht, was nämlich den Fehler des Kindes nicht bessert, sondern vielmehr sein Verlangen nach besonderer Beachtung befriedigt und seine Macht anerkennt. Die am häufigsten angewandten Methoden, eine schlechte Gewohnheit des Kindes zu brechen, sind fruchtlos; gewöhnlich verstärken sie sie, bis sie praktisch nicht mehr gebrochen werden kann. Wenn ein Kind die schlechte Gewohnheit hat, in der Nase zu bohren, pflegen viele Eltern zu warten, bis es den Finger zur Nase führt und schlagen dann darauf. Nach kurzer Zeit geht der Finger wieder zur Nase, und dann schreien die Eltern es an und verbieten ihm, die Nase anzufassen. Dieses Verfahren verfestigt die schlechte Gewohnheit für lange Zeit. Aber so sind eben die Methoden der Eltern, mit denen sie hoffen, das Kind davon abzuhalten, und sie können überhaupt nicht verstehen, warum sie keinen Erfolg haben. Logische Folge könnte sein, sich zu weigern, dem Kind die Hand zu geben oder mit ihm an einem Tisch zu sitzen, wenn es in der Nase bohrt. Aber die logischen Folgen müssen zuerst erörtert und dann ruhig angewandt werden.

Stehlen, Lügen, Fluchen

Lügen und Stehlen sind Anzeichen einer tieferliegenden Rebellion. Folglich können wenige Erwachsene der Versuchung widerstehen, es den Kindern heimzuzahlen, wenn sie so handeln. Ein Kind, das lügt oder stiehlt, versucht gewöhnlich, dem Erwachsenen eins „auszuwischen". Wenn es sich absichtlich ertappen läßt, will es Beachtung erzwingen oder beweisen, daß man es nicht hindern kann. Alle Ermahnungen, Drohungen und Versuche, die Wahrheit herauszufinden, sind nicht ratsam. Das Kind, das lügt und stiehlt, weiß, daß es das *nicht* tun darf, es handelt aus Freude an seiner Überlegenheit.

Eine Gruppe von Dreizehnjährigen beschäftigte sich damit, Bücher aus einer Bücherei zu stehlen. Es galt als Sport und als Triumph, Bücher herauszuschmuggeln. Keiner von ihnen sah etwas Unrechtes darin, weil ja die Bücherei genug Geld habe, neue Bücher zu kaufen. Als man sie aber fragte, was sie denn denken würden, wenn jemand ihnen ihre Sachen wegnähme, antworteten sie entrüstet, das könne niemand mit ihnen machen. Sie wußten also, daß Stehlen unrecht war, aber sie fühlten sich berechtigt, zu tun, was sie wollten, recht oder unrecht.

Wenn Eltern wissen, daß ihr Kind stiehlt, sollten sie auf das Auftauchen von Gegenständen achten, die offensichtlich einem andern weggenommen worden sind. Wenn das Kind bereit ist, zu sagen, von wem der Gegenstand stammt, geht man mit ihm ruhig zu der betreffenden Person oder dem Laden und läßt das Kind ihn zurückgeben. Wenn es aber nicht sagen will, wo es den Gegenstand gestohlen hat, kann man sich die möglichen Orte überlegen, von wo die Sachen genommen worden sein können, und mit ihm zu allen gehen. Wenn es immer noch nicht bereit oder wenn es zu alt ist, um zu möglichen Opfern geführt zu werden, kann man den Gegenstand aufbewahren, bis der Eigentümer gefunden ist, aber ohne verbalen Angriff. Das Vergehen herunterspielen ist eine der besten Methoden, es unbedeutend und daher weniger erstrebenswert für das Kind zu machen. Das ist keine Nachgiebigkeit: man läßt das Kind weder Freude an seiner Beute haben, noch stempelt man es als Dieb ab.

Dasselbe gilt fürs Lügen. Unbeschadet der Gründe, warum das Kind lügt (um Strafe zu vermeiden, um wichtig zu tun und

136

Erfolg vorzugaukeln, um einem andern eins auszuwischen), man sollte versuchen, mit ihm einen Handel abzuschließen. Anstatt zu versuchen, die Wahrheit herauszufinden, schlage man dem Kind vor, daß jeder in der Familie den andern anlügt. Es wird bald merken, daß Lügen nichts taugt, besonders wenn man selber der Leidtragende ist. Natürlich werden manche Leute eine solche Methode ablehnen. Sie sagen, daß Lügen immer unmoralisch ist und daß Erwachsene sich aus keinem Grund auf Lügen einlassen können. Sie vergessen ihre Verantwortung, den Kindern zu helfen, das Lügen zu unterlassen. Moralisch zu sein wird allein nicht die erwünschten Ergebnisse haben.

Kinder fühlen sich großartig und schneidig, wenn sie fluchen, besonders, wenn sie die Reaktion auf ihre Worte spüren. Am sichersten heilt man ein Kind vom Fluchen, wenn man die schlechte Sprache als unwichtig und nichtssagend erscheinen läßt und gleichzeitig seinen Schneid anerkennt. Statt zu reden und zu schimpfen, sollte sich der Erwachsene mit dem Kind zusammensetzen und herausfinden, wieviel böse Wörter es kann. Diese Art der Antwort nimmt der Sache den Spaß. Oder man kann das Kind auffordern, zu wiederholen, was es gesagt hat, weil man es nicht ganz verstanden hat. Diese Methode wird es ernüchtern.

Epilog

Die Anwendung logischer Folgen ist eine der wirksamsten Methoden, Haltungen und Benehmen der Kinder zu beeinflussen. Kinder lernen aus dem Druck der Wirklichkeit und der Lage viel mehr als aus irgendeiner Form verbaler Belehrung. Logische Folgen sind eine Methode des Handelns, nicht des Redens.

So einfach jedoch das Verfahren ist, es bereitet den meisten Erwachsenen große Schwierigkeiten. Das gegenwärtige Verhältnis zwischen den Generationen bürdet die ganze Verantwortung für das Tun des Kindes den Erwachsenen auf. Daher kommt es, daß Eltern, denen man oft fälschlich unrechte Beweggründe aller Art vorwirft, sich nicht frei fühlen, auf die Wirklichkeit als ein Mittel zu vertrauen, das Kinder Achtung für Ordnung und Pflichten lehren kann.

Wir haben so konkret und praktisch wie möglich versucht, die feinen Unterschiede zwischen Bestrafung und logischen Folgen zu zeigen. Aber es braucht beträchtlich viel Zeit und eine grundlegende Änderung in der Auffassung von guten Eltern (besonders von einer guten Mutter), ehe der schleichende Krieg – das wechselnde Spiel von Kampf und Nachgeben, von Gewährenlassen und Druck – aufhört. In diesem Sinn sind logische Folgen mehr als eine einfache und wirksame Technik. Die Anwendung erreicht genau das, was gefehlt hat; eine neue Ordnung und ein auf gegenseitiger Achtung beruhendes Verhältnis.

Es gibt noch einen weiteren Vorteil beim Gebrauch von Folgen in einer Konfliktsituation. Sie erlauben eine unmittelbare und positive Lösung. Die Methode befähigt Eltern, dramatische Ergebnisse in Konfliktsituationen zu erzielen, die schon lange Zeit bestanden haben; plötzlich löst sich eine solche Situation durch bestimmtes Handeln der Eltern.

Es ist wiederholt gesagt worden und sollte immer beachtet werden, daß logische Folgen nicht der einzige Weg zur Konfliktlösung sind, sondern vielmehr der erste Schritt auf dem Weg zu einer Übereinkunft. Es kann Lagen geben, in denen es einem schwerfällt, logische Folgen anzuwenden. Jedoch gilt in allen Lagen das Grundprinzip, daß kein Erwachsener mit einem Kind zu kämpfen braucht, wenn er nicht will. Sich vom Reden, Nörgeln, Drohen und Strafen zurückzuhalten ist ein bedeutsamer Schritt auf dem Weg, das Kind selbst die Folgen seiner Verfehlungen spüren zu lassen. Während es nicht in jeder Konfliktsituation klar sein mag, was man tun muß, können die Eltern eindeutig erkennen, was sie *nicht* tun dürfen. Das allein schon bringt einen günstigen Wandel in die Beziehungen zwischen Eltern und Kindern.

Dies also ist der Zweck dieses Buchs: die Eltern aufzuklären, was im ersten und wichtigsten Augenblick eines Konflikts zu tun ist. Wir hoffen, daß die vielen Beispiele möglicher Schritte den Eltern Gelegenheit bieten, sich selbst erfolgreich zu schulen. Wenn es ihnen gelingt, die richtige Haltung der Nichteinmischung, des Nichtkämpfens oder -nachgebens einzunehmen, dann wird es Erfolge geben, die sie nicht für möglich halten. Mit einem neugewonnenen schöpferischen Sinn können sie neue und vielleicht vorher nie versuchte Mittel finden, ihre Kinder den Druck der Wirklichkeit erfahren zu lassen. Ein ganzer Behälter voller möglicher wirksamer Antworten kann angezapft werden. Schließlich brauchen die Eltern nicht mehr eine Menge Zeit und Kraft zu verschwenden, um das Fehlverhalten ihrer Kinder zu verbessern, und dann werden sie zum erstenmal wirkliche Freude an ihnen haben.

Erfahrung hat uns gelehrt, daß die Selbsterziehung im Umgang mit Kindern mehr als das Lesen eines Buchs erfordert. Das Buch sollte in Arbeitsgruppen benutzt werden, in Gruppen von Eltern, die jedes Kapitel und jeden Punkt erörtern. Auf diese Weise kann jeder seine blinden Flecke überwinden, die ihn an der vollen Erkenntnis dessen, was er tut, und vielmehr noch dessen, was er tun sollte, hindern können. In diesen Arbeitsgruppen können die Beispiele für Folgen, die jeder entdeckt hat, weitergegeben werden. Mit solcher Hilfe von Gleichgearteten brauchen die Eltern dann nicht einmal berufsmäßige Hilfe. Eine unerfahrene Mutter findet vielleicht keine Antwort, aber mehrere unerfahrene Mütter zusammen können durch gegenseitige Hilfe durchaus Erfolg haben.

Mit Kindern leben

Verena Kast
Loslassen und sich selber finden
Die Ablösung von den Kindern
Band 4002, 3. Auflage

Waltraud von Tucher
Das Baby-Nest
Ein Kampf gegen Paragraphen und Lieblosigkeit
Band 4026

Margot Dombrowe
Ab morgen nie wieder
Der verzweifelte Kampf einer Mutter um ihr drogensüchtiges Kind
Band 4028

Roswitha Defersdorf
Drück mich mal ganz fest
Geschichte und Therapie eines wahrnehmungsgestörten Kindes
Band 4041

Werner Gross
Was erlebt ein Kind im Mutterleib?
Aktualisierte Neubearbeitung
Band 4051

Johann Christoph Student
Im Himmel welken keine Blumen
Wie Kinder den Tod erfahren
Band 4071

HERDER / SPEKTRUM

Die Taschenbuchalternative

Eugen Drewermann
Die Spirale der Angst
Der Krieg und das
Christentum
Mit vier Reden gegen den
Krieg am Golf
Band 4003, 2. Auflage

Eugen Drewermann
Der tödliche Fortschritt
Von der Zerstörung der Erde
und des Menschen im Erbe
des Christentums
Band 4032

Eugen Drewermann
Das Eigentliche ist unsichtbar
Der kleine Prinz tiefen-
psychologisch gedeutet
Band 4068

Richard Lamerton
Sterbenden Freund sein
Helfen in der letzten
Lebensphase
Vorwort von Paul Türks
Band 4004

Irmhild Söhl
Tadesse, warum?
Das kurze Leben eines
äthiopischen Kindes in einem
deutschen Dorf
Vorwort von Gunnar
Hasselblatt
Band 4005, 3. Auflage

Antoine de Saint-Exupéry
Briefe an seine Mutter
Botschaften eines großen
Herzens
Band 4007, 2. Auflage

Antoine de Saint-Exupéry
**Man sieht nur mit dem Herzen
gut**
Band 4039

Lorenz Wachinger
Wie Wunden heilen
Sanfte Wege der Psycho-
therapie
Band 4009

HERDER / SPEKTRUM

Christine Swientek
**Mit vierzig depressiv,
mit 70 um die Welt**
Wie Frauen älter werden
Band 4010, 2. Auflage

Elisabeth Lukas
Auch dein Leben hat Sinn
Logotherapeutischer Weg zur
Gesundung
Vorwort von Viktor E. Frankl
Band 4011

Tüchtig oder tot
Die Entsorgung des Leidens
Herausgegeben von Jürgen-
Peter Stössel
Band 4012

Friedhelm Hengsbach
Wirtschaftsethik
Aufbruch, Konflikte und
Perspektiven
Band 4013

Karlfried Graf Dürckheim
Mein Weg zur Mitte
Gespräche mit Alphonse
Goettmann
Band 4014

Karlfried Graf Dürckheim
Das Tor zum Geheimen öffnen
Ausgewählt und eingeleitet
von Gerhard Wehr
Band 4027

Karlfried Graf Dürckheim
**Vom doppelten Ursprung des
Menschen**
Band 4053

Elfriede Mosenthin
**Am Ende bleibt die
Menschlichkeit**
Als Nachtschwester auf der
Pflegestation
Band 4015

Lew Tolstoj
Zeiten des Erwachens
Mit einem Nachwort heraus-
gegeben von Axel Dornemann
Band 4017

Hans Maier
Die christliche Zeitrechnung
Band 4018

HERDER / SPEKTRUM

J. M. Bocheński
Wege zum philosophischen Denken
Einführung in die Grundbegriffe
Band 4020

Das Glück liegt auf der Hand
ABC der Lebensfreuden
Herausgegeben von
Rudolf Walter
Band 4021

José Luis Sampedro
Das etruskische Lächeln
Roman
Band 4022, 2. Auflage

Arno Borst
Die Katharer
Mit einem Nachwort von
Alexander
Patschovsky
Band 4025

Marie Luise Kaschnitz
Zeiten des Lebens
Herausgegeben und eingeleitet
von Ulrike Suhr
Band 4029

Viktor E. Frankl
Das Leiden am sinnlosen Leben
Psychotherapie für heute
Band 4030

Viktor E. Frankl
Psychotherapie für den Alltag
Band 4072

Stephan H. Pfürtner
Fundamentalismus
Die Flucht ins Radikale
Band 4031

Dieter Oberndörfer
Die offene Republik
Das zukünftige Gesicht
Deutschlands
Band 4034

Gerd Michelsen
Unsere Umwelt ist zu retten
Was ich gewinne, wenn ich
mein Verhalten ändere
Band 4035

Bernhard Gerl
Schrei nicht! Weine nicht!
Ein irakischer Flüchtling erzählt seine
Geschichte
Band 4037

HERDER / SPEKTRUM

Frauenlexikon
Wirklichkeiten und Wünsche
von Frauen
Herausgegeben von Anneliese
Lissner, Rita Süssmuth, Karin
Walter.
Mit einem aktuellen Beitrag
zur Situation der Frauen in
den neuen Bundesländern von
J. Gysi u. G. Winkler
Band 4038

Maria Kassel
Traum, Symbol, Religion
Tiefenpsychologie und
feministische Analyse
Band 4040

Daniil Granin
Die verlorene Barmherzigkeit
Eine russische Er-
fahrung
Band 4043

Harry Pross
Buch der Freundschaft
Band 4044

Karlheinz Weißmann
Druiden, Goden, Weise Frauen
Zurück zu Europas alten Göt-
tern
Band 4045

Rüdiger Rogoll
Nimm dich, wie du bist
Wie man mit sich einig werden
kann
Band 4046

Malcolm Lambert
Ketzerei im Mittelalter
Eine Geschichte von Gewalt
und Scheitern
Band 4047

Hans Zender
Happy New Ears"
Vom Abenteuer Musik zu hö-
ren
Band 4049

Aimé Duval
Warum war die Nacht so lang?
Wie ich vom Alkohol loskam
Band 4052

Mircea Eliade
Hochzeit im Himmel
Roman
Band 4056

Ulli Olvedi
Frauen um Freud
Die Pionierinnen der Psycho-
analyse
Band 4057

HERDER / SPEKTRUM

Niklaus Brantschen
Fasten neu erleben
Warum, wie, wozu?
Band 4058

Sabine Brodersen
Inge
Eine Geschichte von Schmerz
und Wut
Band 4059

Leonid Borodin
Die dritte Wahrheit
Roman
Band 4061

Dietmar Mieth
Das gläserne Glück der Liebe
Band 4063

Gerhard Bühringer
Drogenabhängig
Wie Eltern, Angehörige und
Freunde helfen können
Band 4064

Dalai Lama
Zeiten des Friedens
Herausgegeben und eingeleitet
von Erhard Maier
Band 4065

Edward Schillebeeckx
Jesus
Die Geschichte von einem Le-
benden
Band 4070

Lexikon Medizin, Ethik, Recht
Darf die Medizin, was sie
kann?
Information und Orientierung
Band 4073

Namo Aziz
Kein Weg nach Hause
Schmerz und Traum einer kur-
dischen Familie
Band 4074

HERDER / SPEKTRUM